令和6年1月
相続・贈与分 から適用

マンションの相続税評価はこう変わる!

税理士　山本 和義　著

清文社

はじめに

　相続税法では、相続等により取得した財産の価額は「当該財産の取得の時における時価（客観的な交換価値）」による（相法22）ものとされており（時価主義）、その評価方法は財産評価基本通達によって定められています（評基通１（２））。

　マンションについては、「相続税評価額」と「市場売買価格（時価）」とが大きく乖離しているケースも確認されていて、相続税の申告後に、国税当局から、路線価等に基づく相続税評価額ではなく鑑定評価額等による時価で評価し直して課税処分をされるというケースも発生しています。

　実際の取引価格と相続税評価額の乖離の状況は、国税庁のサンプル調査によると、マンションの相続税評価額と市場価格の乖離率は2.34倍、一戸建ての乖離率は1.66倍（平成30年時点）とされています。令和４年４月19日の最高裁判決では、不動産の取引価額と相続税評価額の差に着目した節税スキームが否認されました。

　令和５年度税制改正大綱において「相続税におけるマンションの評価方法については、相続税法の時価主義の下、市場価格との乖離の実態を踏まえ、適正化を検討する。」と記載されました。そこで、居住用の区分所有財産の相続税評価額について、市場価格との乖離の実態を踏まえた上で適正化を検討するため、令和５年１月に有識者会議を設置し、有識者からの意見を踏まえ、国税庁において通達案を作成

し、7月21日に「居住用の区分所有財産の評価について」の意見公募
手続を経て、居住用の区分所有財産の評価について新たに評価方法を
定めることとしました。このことで、納税者の予見可能性を確保する
ことにつながることが期待されます。

　しかし、行き過ぎた対策は、総則6項の規定が発動される可能性が
残されていることに留意しておかなければなりません。

　本書では、第1章「従来の区分所有マンションの評価方法」、第2
章「不動産の評価差額を活用した相続対策の否認事例」、第3章「新
しい区分所有マンションの評価方法」について解説しています。

　改正によって、従来の区分所有マンションの評価が、どの程度変動
するのか、事例を用いて評価してありますので、読者諸賢の参考にな
れば幸いです。

　なお、文中意見にわたる部分は私見ですので、念のため申し添えま
す。

　　令和5年11月

　　　　　　　　　　　　　　　　　　税理士　山本和義

目　次

第1章　従来の区分所有マンションの評価方法

❶ 区分所有マンションの評価方法 ……………………………………… 002
❷ 階層や方位等によって分譲価額が異なっている場合の評価方法 … 005
❸ 所有しているマンション内の駐車場の土地及び建物の評価 ………… 006
❹ 借地権付分譲マンションの評価 ………………………………………… 007
❺ 宅地の評価単位 …………………………………………………………… 013
Column コラム　「一団地建築物設計制度」と「連担建築物設計制度」 … 017
❻ 容積率の異なる地域にわたる宅地 …………………………………… 019
❼ 複数の路線に面する土地 ……………………………………………… 025
❽ 不整形地の評価 ………………………………………………………… 033
❾ 地積規模の大きな宅地等 ……………………………………………… 041
❿ マンションの敷地から除外する土地 ………………………………… 052
⓫ 公開空地と歩道状空地 ………………………………………………… 054
⓬ 小規模宅地等の特例 …………………………………………………… 057

第2章　不動産の評価差額を活用した相続対策の否認事例

Ⅰ　総則6項による否認事例　070

❶ 東京高裁判決（昭和56年1月28日）上告 ………………………… 070
❷ 東京地裁判決（平成4年3月11日）控訴 ………………………… 072
❸ 東京地裁判決（平成5年2月16日）控訴 ………………………… 080
❹ 国税不服審判所裁決（平成22年9月27日） ……………………… 084
❺ 国税不服審判所裁決（平成23年7月1日） ……………………… 086
❻ 東京高裁判決（平成27年12月17日）上告 ……………………… 088
❼ 最高裁判決（令和4年4月19日）棄却 …………………………… 091
Column コラム　判決に対する控訴と上告 ………………………………… 101

❽ 東京高裁判決（令和 3 年 4 月27日）上告 ················· 102
❾ 国税不服審判所裁決（令和 5 年 2 月 9 日）············· 105
❿ 不動産鑑定士による鑑定評価額に関する裁決例 ········· 106

Ⅱ 相続対策への留意点　　　　　　　　　　　　　　　114

❶ 更正処分を受けた事案に共通する前提条件 ············· 116
❷ 争いを避けるための方策 ······························· 117
Column コラム 著しく低い価額 ································· 123

第3章　新しい区分所有マンションの評価方法

Ⅰ 平成29年度税制改正によるタワーマンションへの税制上の対応　128

Ⅱ 新しいマンションの評価方法　　　　　　　　　　　133

❶ マンションに係る財産評価基本通達に関する有識者会議 ··· 134
❷ 評価額が市場価格と乖離する主な要因 ················· 139
❸ 乖離を是正するための評価方法の検討 ················· 140
❹ 「居住用の区分所有財産の評価について」の
　　　　　　　　法令解釈通達の概要 ················· 142
❺ 居住用の区分所有財産の評価について（法令解釈通達）··· 145
❻ 評価の留意点 ··· 151
❼ 評価乖離率を算定する際の端数処理 ··················· 153
❽ 評価方法 ··· 156
❾ 設例で検証 ··· 158
Column コラム 区分所有補正率の限界値は2.6倍？ ········· 167
❿ 実務への影響 ··· 168

資　料 評価乖離率算定のための早見表 ··············· 170

本書の内容は、令和 5 年11月 1 日現在の法令等によっています。

第1章

従来の区分所有マンションの評価方法

区分所有マンションの評価に当たっては、特有の事情を考慮して評価する必要があります。具体的には、以下のようなものです。

① 　路線価地域に所在するものが大半で、正面路線の判定や各種補正が必要となる

② 　地積規模の大きな宅地に該当する可能性が高い

③ 　複数の路線に面した土地として評価することがある

④ 　容積率の異なる2以上の宅地として評価することがある

⑤ 　不整形地として評価することがある

⑥ 　歩道状空地の用に供されている宅地があるのか確認が必要

⑦ 　マンションの敷地に公衆化している道路や公園がないか確認が必要

⑧ 　小規模宅地等の特例の適用について、同一のマンションの2室を所有していた場合の特例適用について注意が必要

　そこで、この章では、区分所有マンションの相続税の評価方法について、国税庁の質疑応答事例やタックスアンサーなどを用いて確認することとします。

❶ 区分所有マンションの評価方法

　マンションの敷地は、一般的に、区分所有建物（マンション）の敷地として一体的に利用されており、そのマンションの各専有部分を所有する多数の者で共有されているのが通常ですから、財産評価基本通達（以下「評基通」といいます。）7-2（評価単位）の定めに従い、そのマンションの敷地全体を1利用単位（評価単位）として評価し、評基通2（共有財産）の定めに従い、そのマンションの敷地の価額をその共有者の共有持分に応じてあん分した価額によって評価することになります。

　また、区分所有する建物の価額については、固定資産税評価額により評価します。

マンション（一室）の相続税評価額（自用の場合）

　＝　区分所有建物の価額（①）＋敷地（敷地権）の価額（②）

①　区分所有建物の価額＝建物の固定資産税評価額[※1]×1.0

②　敷地（敷地権）の価額＝敷地全体の価額[※2]×共有持分（敷地権割合）

※1　「建物の固定資産税評価額」は、1棟の建物全体の評価額を専有面積の割合によってあん分して各戸の評価額を算定

※2　「敷地全体の価額」は、路線価方式又は倍率方式により評価

①　敷地権（土地）の価額

【登記事項証明書の例（マンションの場合）】

専有部分の家屋番号	1000−2−101〜907				
表　題　部（一棟の建物の表示）		調製	余白	所在図番号	余白
所　　在	○○区○○町○丁目130番地23		余白		
建物の名称	▲▲▲マンション		余白		
①　　構　　造	②　　床　面　積　㎡		原因及びその日付〔登記の日付〕		

表　題　部（敷地権の目的である土地の表示）					
①土地の符号	②　所　在　及　び　地　番	③地目	④　　地　積　　㎡		登　記　の　日　付
1	○○区○○町○丁目130番地23	宅地	17200	00	令和○年○月○日新築

表　題　部（敷地権の表示）			
①土地の符号	②敷地権の種類	③　敷　地　権　の　割　合	原因及びその日付〔登記の日付〕
1	所有権	2000000分の7500	令和○年○月○日敷地権〔令和○年○月○日〕

〈前提要件〉

1　正面路線価：200千円/㎡

2　利用状況：被相続人が居住していたもの（自用地）

3　面積（地積）：17,200.00㎡

4　持分割合（敷地権の割合）：2,000,000分の7,500

〈評価方法〉

1　マンションの敷地全体の評価を行います。

　　200千円×17,200.00㎡＝3,440,000千円

2　敷地全体評価に敷地権の割合を乗じて区分所有部分の評価を行います。

3,440,000千円×7,500/2,000,000＝12,900千円（評価額）

② 区分所有する建物の価額

【課税明細書の例（マンションの場合）】

土地の所在	登記地目 現況地目 非課税地目	登記地積㎡ 現況地積㎡ 非課税地積㎡	価格円 固定本則課税標準額円 都計本則課税標準額円	固定前年度課標等円 固定課税標準額円 固定資産税（相当）円	小規模地積 一般在宅地積 非住宅地積
○○町○丁目 130番地23	宅地 宅地	22,000.00 22,000.00	10,924,130 1,724,124		

家屋の所在	区分家屋 物件番号	家屋番号	種類・用途 建築年次	構造 屋根	地上 地下	登記床面積㎡ 現況床面積㎡	価格円	固定資産税標準額 都市課税標準額
○○町○丁目 130番地23	10 10015	130-23-105	居宅 令○年	鉄筋コン造 陸屋根	1 0	75.00 120.00	7,000,000	7,000,000 7,000,000

家屋の「固定資産税評価額」

〈評価方法〉

固定資産税評価額に1.0を乗じて計算します。

7,000,000円×1.0＝7,000,000円（評価額）

（出典：国税庁　タックスアンサーNo.4602　土地家屋の評価）

❷ 階層や方位等によって分譲価額が異なっている場合の評価方法

相続税における家屋の価額は、その家屋の固定資産税評価額（地方税法381条（固定資産課税台帳の登録事項）の規定により家屋課税台帳若しくは家屋補充課税台帳に登録された基準年度の価格又は比準価格をいいます。）に財産評価基本通達別表1（耕作権割合等一覧表）に定める倍率を乗じて計算した金額によって評価されます（評基通89）。

ところで、区分所有に係る財産の各部分の価額は、財産評価基本通達の定めによって評価したその財産の価額を基とし、各部分の使用収益等の状況を勘案して計算した各部分に対応する価額によって評価する（評基通3）こととされており、区分所有のマンションの評価は、

1棟の建物の評価額を基とし、その専有部分を使用収益等の状況に応じてあん分し、共用部分も全員の共有でその持分が専有部分の床面積の割合によるのであれば、その割合で評価することとされています。

　したがって、高層マンションのように換価価値上は格差があるとしても、評価上容認し難い程度のものでない限りは、床面積によるあん分計算によらざるを得ません。しかし、面積比によって評価することが著しく実情に即さないと認められるような場合において、階層別の利用効率等を計算する合理的な基準があり、これに準拠して評価額を計算したような場合は、差し支えないと考えられます（相法22）。

【参考】財産評価基本通達別表1　耕作権割合等一覧表

内容	割合等
家屋の固定資産税評価額に乗ずる倍率	1.0

　なお、平成29年度の税制改正において、区分所有家屋のうち、高さが60mを超える建築物（建築基準法20条1項1号に規定する建築物）であって、複数の階に人の居住の用に供する専有部分を有するもの（居住用超高層建築物）に対して課する固定資産税については、当該居住用超高層建築物の専有部分に係る区分所有者は、当該居住用超高層建築物に係る固定資産税額を、専有部分の区分に応じ、それぞれの「専有部分の床面積」の、当該居住用超高層建築物の床面積の合計に対する割合により按分した額を納付する義務を負うこととされています（地法352②）。

❸ 所有しているマンション内の駐車場の土地及び建物の評価

　所有しているマンション内に地下駐車場を保有し、地下駐車場の敷地部分についても敷地権として登記されている場合、その建物部分に

ついては、構築物として固定資産税評価額が付されているものもあります。

　そのマンションを第三者に賃貸し、その駐車場もその賃借人へ賃貸している場合の相続税評価額については、以下のような取扱いになると考えられます。

① マンション居室及び駐車場敷地相当部分の土地については、敷地権を有していることから、その敷地権については土地評価の対象となります。

② 所有権がある駐車場の構築物については、固定資産税評価額が付されているため、その金額を基に評価することが妥当と考えられます。

③ 建物の敷地部分については、「貸家建付地」として評価することになります。

④ 駐車場の敷地部分については、貸し付けているマンション居住者専用となっているか、マンションの賃貸契約と一体と認められるか、など総合的に検討し、マンションと駐車場との貸付契約の一体性等も考慮して、マンションの階段やエレベーターホール等の共用部分と同様に取り扱うのが相当と考えられる場合には、「貸家建付地」として評価することができると思われます。

❹ 借地権付分譲マンションの評価

（1）定期借地権等の評価

　定期借地権等の価額は、原則として、課税時期において借地権者に帰属する経済的利益及びその存続期間を基として評定した価額によって評価されます。

　ただし、課税上弊害がない限り、その定期借地権等の目的となって

いる宅地の課税時期における自用地としての価額に、次の算式により計算した数値を乗じて計算した金額によって評価することとされています（評基通27-2）。

【算式】

自用地評価額 × ｛(A ÷ B) × (C ÷ D)｝＝定期借地権の評価額

A：定期借地権の設定時における借地権者に帰属する経済的利益の総額

B：定期借地権の設定時における土地の通常取引価額

C：課税時期における定期借地権の残存期間年数に応ずる基準年利率による複利年金現価率

D：定期借地権の設定期間年数に応ずる基準年利率による複利年金現価率

※ 「定期借地権等の設定の時における借地権者に帰属する経済的利益の総額」は、次に掲げる金額の合計額とされます（評基通27-3）

① 定期借地権等の設定に際し、借地権者から借地権設定者に対し、権利金、協力金、礼金などその名称のいかんを問わず借地契約の終了の時に返還を要しないものとされる金銭の支払い又は財産の供与がある場合

　課税時期において支払われるべき金額又は供与すべき財産の価額に相当する金額

② 定期借地権等の設定に際し、借地権者から借地権設定者に対し、保証金、敷金などその名称のいかんを問わず借地契約の終了の時に返還を要するものとされる金銭等（以下「保証金等」という。）の預託があった場合において、その保証金等につき基準年利率未満の約定利率による利息の支払いがあるとき又は無利息のとき

　次の算式により計算した金額

$$\begin{bmatrix} 保証金等の額 \\ に相当する金額 \end{bmatrix} - \begin{bmatrix} 保証金等の額 \\ に相当する金額 \end{bmatrix} \times \begin{bmatrix} 定期借地権等の設定期間年数に応 \\ じる基準年利率による複利現価率 \end{bmatrix}$$

$$\qquad - \begin{bmatrix} 保証金等の額 \\ に相当する金額 \end{bmatrix} \times \begin{bmatrix} 基準年利率未 \\ 満の約定利率 \end{bmatrix} \times \begin{bmatrix} 定期借地権等の設定期間年数に応じ \\ る基準年利率による複利年金現価率 \end{bmatrix}$$

③　定期借地権等の設定に際し、実質的に贈与を受けたと認められる
　　差額地代の額がある場合
　　　次の算式により計算した金額

$$差額地代の額 \times \begin{array}{l} 定期借地権等の設定期間年数に応じ \\ る基準年利率による複利年金現価率 \end{array}$$

(注1)　実質的に贈与を受けたと認められる差額地代の額がある場合に該当するかどう
　　　　かは、個々の取引において取引の事情、取引当事者間の関係等を総合勘案して判
　　　　定します。
(注2)　「差額地代の額」とは、同種同等の他の定期借地権等における地代の額とその
　　　　定期借地権等の設定契約において定められた地代の額(上記①又は②に掲げる金
　　　　額がある場合には、その金額に定期借地権等の設定期間年数に応ずる基準年利率
　　　　による年賦償還率を乗じて得た額を地代の前払いに相当する金額として毎年の地
　　　　代の額に加算した後の額)との差額をいいます。

(2) 定期借地権の目的となっている宅地の評価

① 財産評価基本通達25(2)

　定期借地権の目的となっている土地(底地)の評価は、原則として
財産評価基本通達25(貸宅地の評価)により、定期借地権等の価額を
控除した金額により評価することになっています。

イ．底地評価額

$$自用地の価額 - 定期借地権の価額 = 底地の価額$$

そして、定期借地権等の価額については、原則的には、定期借地権等の評価（評基通27-2）により次のとおり評価することになっています。

ロ．定期借地権

$$自用地価額 \times \frac{経済的利益の総額}{設定時の通常の取引価額} \times \frac{残存期間の複利年金現価率}{設定期間の複利年金現価率}$$

② 個別通達

　課税上弊害がない場合（地主と定期借地権者との関係に親族関係等特殊な関係がない場合）においては、上記の①の財産評価基本通達の定めにかかわらず、次の計算式により評価することになります。

イ．底地評価額

定期借地権の底地評価額＝自用地価額－定期借地権に相当する価額

ロ．定期借地権

定期借地権に相当する価額＝自用地価額×（1－底地割合^(※1)）×逓減率^(※2)

※1　底地割合

借地権割合			底地割合
	路線価図	評価倍率表	
地区区分	C	70%	55%
	D	60%	60%
	E	50%	65%
	F	40%	70%
	G	30%	75%

※2 逓減率

$$逓減率 = \frac{残存期間の複利年金現価率}{設定期間の複利年金現価率}$$

　この場合に逓減率の分子分母に適用する率は、それぞれの期間に対応する複利年金現価率によることになります。

　例えば、残存期間が35年、設定期間50年で、基準年利率が0.75（令和5年6月）の場合、複利年金現価率はそれぞれ30.683と41.566ですから、逓減率は次のとおりです。

　残存期間35年の場合の逓減率　30.683／41.566＝0.7381…となります。

（注）　複利年金現価率は、国税庁から発表される「「令和〇年分の基準年利率について」の一部改正について（法令解釈通達）」に参考として示されています。

③　借地権付分譲マンションの底地の評価についての裁決例

　借地権付分譲マンションの底地の評価について、財産評価基本通達によることなく、鑑定評価額によって評価することが相当であるかの争いについて、以下のような裁決（平成9年12月10日）があります。

国税不服審判所裁決（平成9年12月10日）

　一般的な底地価額については、地代徴収権に相応する価格を中心に将来期待される更新料、条件変更承諾料の一時金及び借地権と一体化することにより完全所有権に復帰する期待性を加味して形成されるものであり、評価手法としては実際支払賃料に基づく純収益を還元して得た価格及び比準価格を関連付けて決定されるものとされているが、都心部等の借地権の取引慣行が成熟している地域では、底地価額は、単に地代徴収権に着目したものではなく、むしろ、将来、借地権を併合し完全所有権とする潜在価値に着目して価格形成されているところである。このような場合には、更地価額から借地権価額を控除した残余の部分が底地価額相当額となる。

　しかし、本件は借地権付マンションに対応する底地であり、多数の借地権者が存在し、借地権は、建物の専有部分と一体となり、各区分所有権の目的となっているたる借地権と底地とが併合される可能性は低く、また、当分の間、名義変更料、建替承諾料の授受も期待できないこと及び借地権と底地は

別個の市場を有していること等から、更地価額から借地権価額を控除した残余が底地価額となるとは限らないこととなる。

　したがって、これらのことを総合勘案すれば、割合方式（更地価格に底地割合を乗じ、底地価額を求める方法をいう。）による価格と収益還元方式による価格の双方を調整の上評価したＢ鑑定評価額（当審判所が依頼した鑑定評価）は相当と認められる。

　一方、借地権が設定されている宅地（貸宅地）の評価方法について、同族法人が借地権者である場合には、財産評価基本通達が定める借地権価額控除方式により算定した価額を時価とするのは相当とする裁決（平成15年9月2日）もあります。

国税不服審判所裁決（平成15年9月2日）

　借地権が設定されている宅地（貸宅地）の評価方法について、当該宅地上の借地権の価額と貸宅地（底地）の価額との総和は自用地としての当該宅地の価額よりも低い水準にとどまるものであるから、評価基本通達が定める借地権価額控除方式により算定した価額を時価とするのは相当ではなく、実際支払賃料に基づく純収益を還元して得た収益価格と底地取引事例から決定した底地権割合30％により求めた試算価格を3対1の比率で加重平均する評価方法が合理的であり、この評価方法により算定した価額を時価とすべきである旨主張する。

　しかしながら、一般的な借地契約においては、底地価額は、単なる地代徴収権の価額にとどまらず、将来、借地権を併合して完全所有権とする潜在的価値に着目して価額形成がされるので、借地権価額控除方式は、一般に合理性を有するものと解されるから、請求人らが、一般論として、借地権価額控除方式には合理性がないと主張することは当たらない。

● 定期借地権等の種類と評価方法の一覧表

定期借地権の種類	定期借地権等の評価方法	定期借地権等の目的となっている宅地の評価方法
一般定期借地権 （借地借家法第22条）	財産評価基本通達27-2に定める評価方法による	平成10年8月25日付課評2-8・課資1-13「一般定期借地権の目的となっている宅地の評価に関する取扱いについて」に定める評価方法による　Ⓐ
		※
事業用定期借地権等 （借地借家法第23条）		財産評価基本通達25(2)に定める評価方法による　Ⓑ
建物譲渡特約付借地権 （借地借家法第24条）		

（注）　※印部分は、一般定期借地権の目的となっている宅地のうち、普通借地権の借地権割合の地域区分A・B地域及び普通借地権の取引慣行が認められない地域に存するものが該当します。

（出典：国税庁「定期借地権等の評価明細書」）

❺ 宅地の評価単位

　宅地の価額は、1筆単位で評価するのではなく、1画地の宅地（利用の単位となっている1区画の宅地をいいます。）ごとに評価しますが、具体的には、次のように判定します。

　なお、相続、遺贈または贈与により取得した宅地については、原則として、取得者が取得した宅地ごとに判定しますが、宅地の分割が親族間等で行われた場合において、例えば、分割後の画地が宅地として通常の用途に供することができないなど、その分割が著しく不合理であると認められるときは、その分割前の画地を「1画地の宅地」として評価します。

〔判定基準〕

① 　所有する宅地を自ら使用している場合には、居住の用か事業の用かにかかわらず、その全体を1画地の宅地とします。

② 　所有する宅地の一部について借地権を設定させ、他の部分を自己が使用している場合には、それぞれの部分を1画地の宅地としま

す。一部を貸家の敷地、他の部分を自己が使用している場合にも同様とします。

③　所有する宅地の一部について借地権を設定させ、他の部分を貸家の敷地の用に供している場合には、それぞれの部分を1画地の宅地とします。

④　借地権の目的となっている宅地を評価する場合において、貸付先が複数であるときには、同一人に貸し付けられている部分ごとに1画地の宅地とします。

⑤　貸家建付地（貸家の敷地の用に供されている宅地をいいます。）を評価する場合において、貸家が数棟あるときには、原則として、各棟の敷地ごとに1画地の宅地とします。

⑥　2以上の者から隣接している土地を借りて、これを一体として利用している場合には、その借主の借地権の評価に当たっては、その全体を1画地として評価します。この場合、貸主側の貸宅地の評価に当たっては、各貸主の所有する部分ごとに区分して、それぞれを1画地の宅地として評価します。

⑦　共同ビルの敷地の用に供されている宅地は、その全体を1画地の宅地として評価します。例えば、次図のような場合には、A、B、CおよびD土地全体を1画地の宅地として評価した価額に、甲、乙、丙および丁の有するそれぞれの土地の価額の比を乗じた金額により評価します。この場合、土地の価額の比は次の算式によって計算して差し支えありません。

$$\text{土地の価額の比} = \frac{\text{各土地ごとに財産評価基本通達により評価した価額}}{\text{各土地ごとに財産評価基本通達により評価した価額の合計額}}$$

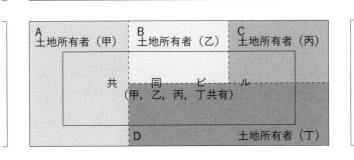

⑧ 所有する宅地の一部を自らが使用し、他の部分を使用貸借により貸し付けている場合には、その全体を1画地の宅地として評価します。また、自己の所有する宅地に隣接する宅地を使用貸借により借り受け、自己の所有する宅地と一体として利用している場合であっても、所有する土地のみを1画地の宅地として評価します。

したがって、次図の［1］については、A、B土地全体を1画地の宅地として評価し、［2］については、A土地、B土地それぞれを1画地の宅地として評価します。

なお、使用貸借に係る使用借権の価額は、零として取り扱い、使用貸借により貸し付けている宅地の価額は自用地価額で評価します。

［1］

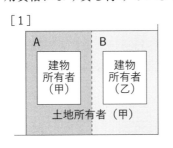

［2］

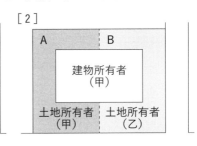

（出典：国税庁 タックスアンサー）

例えば、マンションが複数棟あっても、敷地を区分することができないため、すべての棟の区分所有者が共有者となります。

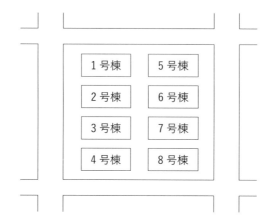

　上記の事例では、敷地権が1号棟から8号棟までの敷地全体に対して設定され、敷地権の割合もその敷地全体に対しての割合となります。

　そのため、敷地全体の評価額を求めて、区分所有者が所有する専有面積の割合に応じて評価することになります。ゆえに、例えば6号棟の敷地を評価する場合に6号棟の敷地に相当する部分を切り出して、その部分だけで評価、つまり正面路線のみで評価することはできません。

Column コラム

「一団地建築物設計制度」と「連担建築物設計制度」

　一団地建築物設計制度（建築基準法86①）と連担建築物設計制度（建築基準法86②）は、特例的に複数建築物を同一敷地内にあるものとみなして建築規制を適用する制度です。

　一団地建築物設計制度は複数の建築物を新築する際に、1つの敷地に複数の独立した建物を建てることのできる制度であり、連担建築物設計制度は既存の建築物の建つ敷地に別の建物を新築する際の制度です。

　1つの敷地に複数のマンションや商業施設などを配置した事例が、全国でもたくさんあり、魅力的な街づくりを可能にする設計制度となっています。

　複数棟のマンションが1つの敷地にある場合、土地は区分所有者全員の共有となります。

　一般的には共有持分比率は、それぞれの区分所有者が所有する「専有面積」の割合に応じてあん分されます。

　たとえば、総戸数50戸のマンションが2棟あり、すべての住戸専有面積が同じであれば1戸あたりの共有持ち分は1/100となります。

　敷地が1つのためマンションが複数棟あっても敷地を区分できず、すべての棟の区分所有者が共有者となるのです。一団地建築物設計制度により設計された分譲マンションは、土地の所有権についてこのような登記がなされています。

〈一団地建築物設計・連担建築物設計の適用例〉

敷地A及び敷地Bは一の敷地とみなされ、一定の条件のもとに敷地B側にも建築できるようになります。

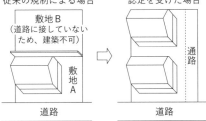

敷地Ａ及び敷地Ｂは広幅員道路に接道する一の敷地とみなされ、一定の条件のもとに土地の有効利用が可能になります。

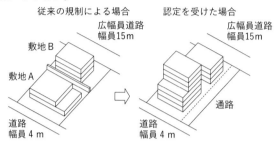

（出典：東京都都市整備局）

❻ 容積率の異なる地域にわたる宅地

　マンションの敷地は広大で、容積率の異なる2以上の地域にわたる宅地に該当することも少なくありません。

　容積率の異なる2以上の地域にわたる宅地の評価に当たり、減額割合の計算を行う場合に適用する容積率は、「指定容積率」と「基準容積率」とのいずれか小さい方の容積率によることとされています。

　建築基準法は、道路、公園、上下水道等の公共施設と建築物の規模との均衡を図り、その地域全体の環境を守るために、建築物の延べ面積の敷地面積に対する割合の最高限度を定めており、この割合を「容積率」といいます。

　容積率には、都市計画にあわせて指定されるもの（指定容積率）と、建築基準法独自のもの（基準容積率）とがあり、実際に適用される容積率は、これらのうちいずれか小さい方です。財産評価基本通達20-7において適用される容積率もいずれか小さい方で、この場合の基準容積率は、建築基準法52条2項の規定によるものをいいます。

　容積率の異なる2以上の地域にわたる宅地の価額は、15（奥行価格補正）から前項（土砂災害特別警戒区域内にある宅地の評価）までの定めにより評価した価額から、容積率が価額に及ぼす影響度の割合を乗じて計算した金額を控除した価額によって評価する（評基通20-7）としています。

　ただし、1画地の宅地のうちに正面路線に接する部分の容積率が他の部分の容積率よりも低い場合など、控除割合がマイナスになる場合等はこの評価方法は適用しません。

(1) 三大都市圏に所在するマンション敷地で容積率の異なる2以上の地域にわたる宅地

設 例

路線価　500千円（道路幅員6m）

Ⓐ
地積240m²
容積率30/10

都市計画法　第二種住居地域
財産評価通達　普通住宅地

Ⓑ
地積360m²
容積率50/10

都市計画法　商業地域
財産評価通達　普通商業・併用住宅地区

路線価　2,000千円（道路幅員8m）

（注1）　間口距離20m、Ⓐの奥行距離12m、Ⓑの奥行距離18m

（注2）　普通商業・併用住宅地区　奥行価格補正率　1.00（30m）、二方路線影響加算率
　　　　0.05

1．容積率の計算

Ⓐの部分

① 指定容積率　30/10

② 基準容積率　8m（最大道路幅員※）× 4/10 ＝ 32/10

③ いずれか小さい方　30/10

※　前面道路が2以上あるときは、その幅の最大のものの幅員（建築基準法52②）

Ⓑの部分

① 指定容積率　50/10

② 基準容積率　8m（最大道路幅員）× 6/10 ＝ 48/10

③ いずれか小さい方　48/10

2．路線価方式による自用地評価額の計算

① 2,000千円×1.00＝2,000千円

② ①＋500千円×1.00×0.05＝2,025,000円

③ ②×600m²＝1,215,000,000円

④ 減額割合の計算

{1 － （48/10×360m² ＋ 30/10×240m²） ÷ （48/10×600m²）} ×0.5 [※]

＝0.075（小数点以下第3位四捨五入）

※ 普通商業・併用住宅地区における容積率が価額に及ぼす影響度 0.5

⑤ 評価額の計算

③×（1－0.075）＝1,123,875,000円

(2) 減額調整方式が適用できない場合

容積率の異なる2以上の地域にわたる宅地の評価において、1画地の宅地の正面路線に接する部分の容積率が2以上であっても、その正面路線に接する部分の容積率と異なる容積率の部分がない場合には、容積率の格差による減額調整は行いません。

設 例

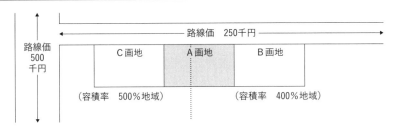

（注） 容積率500％の地積は600m²で地区区分は「繁華街地区」、容積率400％の地積は500m²で地区区分は「普通商業・併用住宅地区」に所在する

【算式】

（1－730m² [※1] ÷730m² [※2]）×0.8＝0

※1 600m²×0.8＋500m²×0.5＝730m²

※2 600m²×0.8＋500m²×0.5＝730m²

このような結果になるのは、この減額調整の定めが、1画地の宅地のなかで、正面路線に接する部分と接しない部分とで異なる容積率が存する場合に適用されるものであり、1画地の宅地のなかで、正面路

線に接する部分の容積率が異なるような場合にまでも適用しようとする趣旨ではないからであると考えられます。

　上記の事例の場合には、当該路線に接する宅地の容積率の違いが、当該宅地の価額形成要因として明確に認識できる場合には、これを路線価に反映させる必要が生じてくることになります。

（3）容積率の格差による減額調整を行った価額が、正面路線以外の各路線の路線価を下回る場合

　1画地の宅地が2以上の路線に面する場合において、正面路線の路線価に奥行価格補正率を乗じて求めた価額について容積率の格差による減額調整を行った価額が、正面路線以外の各路線の路線価に奥行価格補正率を乗じて求めた価額のいずれかを下回る場合には、容積率の格差による減額調整を適用せず、正面路線以外の路線の路線価について、それぞれ奥行価格補正率を乗じて計算した価額のうち最も高い価額となる路線を当該画地の正面路線とみなして、財産評価基本通達15（奥行価格補正）から20－6（土砂災害特別警戒区域内にある宅地の評価）までの定めにより計算した価額によって評価します。

（普通住宅地区）
500千円

（間口距離30m、
　奥行距離20m）
＊　奥行価格補正率は1.00

400m²　容積率200%
200m²　容積率400%

600千円
（普通商業・併用住宅地区）

▽　容積率の格差に基づく減額率

$$\left(1 - \frac{400\% \times 200m^2 + 200\% \times 400m^2}{400\% \times 600m^2}\right) \times 0.5 = 0.167$$

（1）　正面路線の路線価に奥行価格補正率を乗じて求めた価額に容積率の格差による減額調整を行った価額

　600,000円×1.00－（600,000円×1.00×0.167）=499,800円

（2）　裏面路線の路線価に奥行価格補正率を乗じて求めた価額

　500,000円×1.00=500,000円

（3）（1）＜（2）となるので、容積率の格差による減額調整の適用はなく、裏面路線を正面路線とみなして、当該画地の評価額を求めます。

　なお、この場合、宅地の価額は最も高い効用を有する路線から影響を強く受けることから、正面路線とみなされた路線（裏面路線）の路線価の地区区分に応じた補正率を適用することとされています。

（容積率の異なる2以上の地域にわたる宅地の評価）

20-7　容積率（建築基準法第52条に規定する建築物の延べ面積の敷地面積に対する割合をいう。以下同じ。）の異なる2以上の地域にわたる宅地の価額は、15（（奥行価格補正））から前項までの定めにより評価した価額から、その価額に次の算式により計算した割合を乗じて計算した金額を控除した価額によって評価する。この場合において適用する「容積率が価額に及ぼす影響度」は、14-2（（地区））に定める地区に応じて下表のとおりとする。

$$1 - \frac{\text{容積率の異なる部分の各部分に適用される容積率にその各部分の地積を乗じて計算した数値の合計}}{\text{正面路線に接する部分の容積率} \times \text{宅地の総地積}} \times \text{容積率が価額に及ぼす影響度}$$

○　容積率が価額に及ぼす影響度

地区区分	影響度
高度商業地区、繁華街地区	0.8
普通商業・併用住宅地区	0.5
普通住宅地区	0.1

（注）

1　上記算式により計算した割合は、小数点以下第3位未満を四捨五入して求める。

2　正面路線に接する部分の容積率が他の部分の容積率よりも低い宅地のように、この算式により計算した割合が負数となるときは適用しない。

3　2以上の路線に接する宅地について正面路線の路線価に奥行価格補正率を乗じて計算した価額からその価額に上記算式により計算した割合を乗じて計算した金額を控除した価額が、正面路線以外の路線の路線価に奥行価格補正率を乗じて計算した価額を下回る場合におけるその宅地の価額は、それらのうち最も高い価額となる路線を正面路線とみなして15（（奥行価格補正））から前項までの定めにより計算した価額によって評価する。なお、15（（奥行価格補正））から前項までの定めの適用については、正面路線とみなした路線の14-2（（地区））に定める地区区分によることに留意する。

建築基準法52条（容積率）

2　前項に定めるもののほか、前面道路（前面道路が2以上あるときは、その幅員の最大のもの。以下この項及び第12項において同じ。）の幅員が12m未満である建築物の容積率は、当該前面道路の幅員のメートルの数値に、次の各号に掲げる区分に従い、当該各号に定める数値を乗じたもの以下でなければならない。

一　第一種低層住居専用地域、第二種低層住居専用地域又は田園住居地域内の建築物	10分の4

二　第一種中高層住居専用地域若しくは第二種中高層住居専用地域内の建築物又は第一種住居地域、第二種住居地域若しくは準住居地域内の建築物（高層住居誘導地区内の建築物であって、その住宅の用途に供する部分の床面積の合計がその延べ面積の三分の二以上であるもの（当該高層住居誘導地区に関する都市計画において建築物の敷地面積の最低限度が定められたときは、その敷地面積が当該最低限度以上のものに限る。第五十六条第一項第二号ハ及び別表第三の四の項において同じ。）を除く。）	10分の 4（特定行政庁が都道府県都市計画審議会の議を経て指定する区域内の建築物にあっては、10分の 6）
三　その他の建築物	10分の 6（特定行政庁が都道府県都市計画審議会の議を経て指定する区域内の建築物にあっては、10分の 4 又は10分の 8のうち特定行政庁が都道府県都市計画審議会の議を経て定めるもの）

❼ 複数の路線に面する土地

　マンションの敷地は広大で、複数の路線に面する土地であることもあります。そのような場合の評価方法について、国税庁の質疑応答事例などを引用して確認することとします。

(1) 正面路線に 2 以上の路線価が付されている場合の宅地の評価

【照会要旨】

　次の図のように、正面路線に 2 以上の路線価が付されている宅地の価額は、どのように評価するのですか。

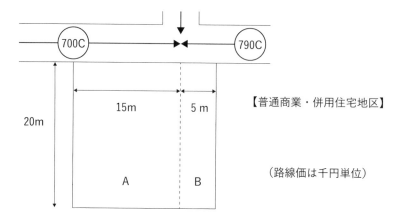

【普通商業・併用住宅地区】

（路線価は千円単位）

【回答要旨】

　上の図のように一の路線に2以上の路線価が付されている場合には、それぞれの路線価に接する距離により加重平均して正面路線価を計算し、その正面路線価を基に画地調整等を行い評価します。

（計算例）

路線価の加重平均

$$\frac{700,000円 \times 15m + 790,000円 \times 5m}{15m + 5m} = 722,500円（正面路線価）$$

宅地の評価額

　　　　正面路線価　　奥行価格補正率　　地積　　　　宅地の評価額
　　　　722,500円　×　　1.00　　×　400m² ＝ 289,000,000円

（注）　設問のように路線価が異なる部分ごと（A、B）に合理的に分けることができる場合には、異なる部分に分けて評価して差し支えありません。
　　　　なお、この場合、B部分のみに係る間口狭小補正及び奥行長大補正は行いません。

（出典：国税庁　質疑応答事例）

(2) 多数の路線に接する宅地の評価

【照会要旨】

次の図のように多数の路線に接する宅地の価額はどのように評価するのでしょうか。

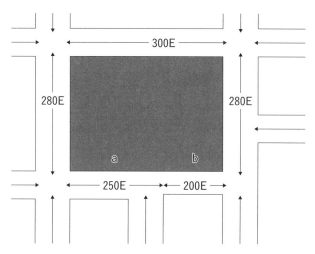

【回答要旨】

多数の路線に接する宅地の価額は、各路線が正面路線に対し側方路線としての効用を果たすのか、裏面路線としての効用を果たすのかを個々に検討し、それぞれの路線価にその適用すべき側方路線影響加算率又は二方路線影響加算率を乗じた金額を基に評価します。

また、図のように裏面路線等に2以上の路線価が付されている場合には、a及びbの路線価を宅地が接する距離により加重平均した価額を基に二方路線影響加算等を行います。

（出典：国税庁　質疑応答事例）

(3) 正面路線の判定

【照会要旨】

次のような不整形地甲は、いずれの路線が正面路線となるのでしょうか。

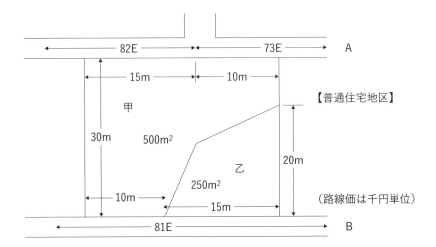

【回答要旨】

　正面路線は、原則として、その宅地の接する路線の路線価（一路線に 2 以上の路線価が付されている場合には、路線に接する距離により加重平均した価額）に奥行価格補正率を乗じて計算した金額の高い方の路線となります。

　この場合における奥行価格補正率を適用する際の奥行距離は、不整形地の場合には、その不整形地に係る想定整形地の奥行距離を限度として、不整形地の面積を間口距離で除して得た数値とします。したがって、事例の場合には、A 路線からみた場合の奥行距離は20m（500㎡÷25m ＝20m ＜30m）、B 路線からみた場合の奥行距離は30m（500㎡÷10m ＝50m ＞30m）となります。

　これらのことから、事例の場合には、次のとおり A 路線を正面路線と判定することになります。

（計算例）

A 路線　$\dfrac{82,000円 \times 15m + 73,000円 \times 10m}{25m} \times \underset{1.00}{\overset{奥行価格補正率}{}} = \underline{78,400円}$

（加重平均による）路線価

B 路線

・甲、乙を合わせた全体の整形地の奥行価格補正後の価額

$$\underset{81,000円}{正面路線価} \times \underset{0.95}{\overset{奥行距離30m にかか}{る奥行価格補正率}} \times \underset{750m^2}{\overset{甲+乙の地積}{}} = 57,712,500円$$

・乙の部分の奥行価格補正後の価額

$$\underset{81,000円}{正面路線価} \times \underset{1.00}{\overset{奥行距離16.7m にかか}{る奥行価格補正率}} \times \underset{250m^2}{\overset{乙の地積}{}} = 20,250,000円$$

（注）　乙の奥行距離……地積を間口距離で除して求める

乙の地積		乙の間口距離		乙の奥行距離	乙の想定整形地の奥行
250m²	÷	15m	=	16.7m	（＜20m）

・宅地甲の奥行価格補正後の 1 m² 当たりの価額

$$\underset{(57,712,500円}{\overset{甲、乙を合わせた価額}{}} - \underset{20,250,000円)}{\overset{乙の部分の価額}{}} \div \underset{500m^2}{\overset{甲の地積}{}} = \underline{74,925円}$$

（出典：国税庁　質疑応答事例）

（4）側方路線影響加算又は二方路線影響加算の方法（三方路線に面する場合）

【照会要旨】

　次の図のように、現実に角地としての効用を有しない場合で、三方路線に面しているB宅地の価額を評価する場合の側方路線影響加算又は二方路線影響加算はどのように計算するのでしょうか。

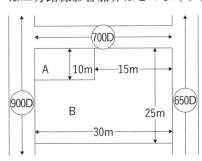

【普通商業・併用住宅地区】
（路線価は千円単位）

【回答要旨】

　側方路線に接する場合であっても現実に角地としての効用を有しない場合には、側方路線影響加算率に代えて二方路線影響加算率を適用します。これは、側方路線に接することの影響を加算するものですが、角地としての効用を有しないことから加算率の値としては側方路線影響加算率ではなく二方路線影響加算率を使用するという趣旨です。

　したがって、この場合の側方路線影響加算及び二方路線影響加算は次のとおりになります。

側方路線影響加算額の計算方法

$$側方路線価 \times 奥行価格補正率 \times 二方路線影響加算率 \times \frac{15m}{15m+15m}$$

二方路線影響加算額の計算方法

　裏面路線価 × 奥行価格補正率 × 二方路線影響加算率

（計算例）

（1）正面路線価を基にしたBの1m²当たりの奥行価格補正後の価額を求めます。

$$\frac{\overset{正面路線価}{（900,000円} \times \overset{奥行30mの補正率}{1.00} \times 750m²）}{A、Bを一体とした価額} - \frac{\overset{正面路線価}{900,000円} \times \overset{奥行15mの補正率}{1.00} \times 150m²）}{Aの価額} \div 600m²$$

$$= \underset{Bの1m²当たりの奥行価格補正後の価額}{900,000円} {}_{(A)}$$

（2）側方路線影響加算額の計算方法

$$\overset{側方路線価}{700,000円} \times \overset{奥行25mの補正率}{1.00} \times \overset{二方路線影響加算率}{0.05} \times \frac{15m}{15m+15m} = 17,500円 {}_{(B)}$$

（3）二方路線影響加算額の計算方法

$$\overset{裏面路線価}{650,000円} \times \underset{(注1)}{\overset{奥行24mの補正率}{1.00}} \times \overset{二方路線影響加算率}{0.05} = 32,500円 {}_{(C)}$$

(4) B土地の価格

正面路線価を基にした
Bの1m²当たりの奥行　　　　側方路線　　　　　二方路線影響
価格補正後の価格　　　　　　影響加算額　　　　加算額

900,000円 (A)　　＋　　17,500 (B)　　＋　　32,500 (C)　　＝　　950,000円

不整形地補正率

950,000円　×　600m²　×　0.97　＝　552,900,000円

$$\left(\;\cdot\; かげ地割合 \quad \frac{750\text{m}^2 - 600\text{m}^2}{750\text{m}^2} \;=\; 20\% \quad \cdot\; 地積区分 \quad A \right)$$

（注1）　奥行距離は、面積（600m²）を間口距離（25m）で除して求めています。

（注2）　側方路線影響加算額は次の計算方法により算出しても差し支えありません。

①　側方路線価を基にしたBの1m²当たりの奥行価格補正後の価額を求めます。

側方路線価　　　　奥行25mの補正率　　　側方路線価　　　（※）
$$\underbrace{(700,000円 \quad \times \quad 1.00 \quad \times \quad 750\text{m}^2}_{A、Bを一体とした価額} - \underbrace{700,000円 \quad \times \quad 1.00 \quad \times \quad 150\text{m}^2)}_{Aの価額}$$

$$\div \quad 600\text{m}^2 \quad = \quad \underline{700,000円}$$
　　　Bの地積　　　側方路線価を基にしたBの1m²当たりの価額

②　側方路線価影響加算額

側方路線価を基にした　　　　二方路線
Bの1m²当たりの価額　　　　影響加算率

$$700,000円 \quad \times \quad 0.05 \quad \times \quad \frac{15\text{m}}{15\text{m} + 15\text{m}} \quad = \quad 17,500円$$

※　A土地の奥行距離10mにかかる奥行価格補正率は0.99ですが、0.99とするとAとBを合わせた整形地の奥行価格補正後の単価より、側方路線に接する部分が欠落している不整形地Bの奥行価格補正後の単価が高くなり不合理なので、このように前面宅地の奥行が短いため奥行価格補正率が1.00未満となる場合においては、奥行価格補正率を1.00とします。

　　ただし、AとBを合わせて評価する場合において奥行距離が短いため奥行価格補正率が1.00未満の数値となる場合には、Aの奥行価格補正率もその数値とします。

（注3）　二方路線影響加算額は、次の計算方法により算出しても差し支えありません。

①　裏面路線価を基にしたBの1m²当たりの奥行価格補正後の価額を求めます。

裏面路線価　　奥行15mの補正率　　　　裏面路線価　　　奥行30mの補正率
$$(650,000円 \quad \times \quad 1.00 \quad \times \quad 150\text{m}^2 + 650,000円 \quad \times \quad 1.00 \quad \times \quad 450\text{m}^2)$$

$$\div \quad 600\text{m}^2 \quad = \quad 650,000円$$

② 二方路線影響加算額

　　裏面路線価を基にした　　　二方路線影響
　　Ｂの１ｍ²当たりの価額　　　加算率
　　　650,000円　　　　×　　　0.05　　＝　　32,500円

（注４）　財産評価基本通達20-2の「地積規模の大きな宅地の評価」については、考慮しないこととして計算しています。

（出典：国税庁　質疑応答事例）

（5）三方又は四方が路線に接する宅地の評価

【照会要旨】

　　次の図のように正面と側方と裏面の三つの路線又は四つの路線に接する宅地の価額はどのように評価するのでしょうか。

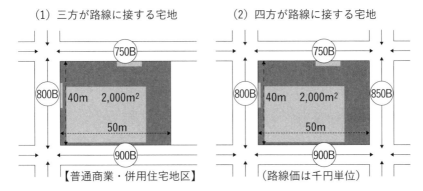

（1）三方が路線に接する宅地　　（2）四方が路線に接する宅地

【回答要旨】

　　三方又は四方が路線に接する宅地の価額は、正面と側方が路線に接する宅地の評価方法と正面と裏面が路線に接する宅地の評価方法を併用して計算した価額に地積を乗じた金額によって評価します。

（1）　三方が路線に接する宅地の価額

正面路線価　奥行価格補正率　側方路線価　奥行価格補正率　側方路線影響加算率　裏面路線価

（900,000円 × 0.93 + 800,000円 × 0.89 × 0.08 + 750,000円

奥行価格補正率　二方路線影響加算率　地積

× 0.93 × 0.05）× 2,000m² ＝ 1,857,670,000円

（2）　四方が路線に接する宅地の価額

正面路線価　奥行価格補正率　側方路線価　奥行価格補正率　側方路線影響加算率　側方路線価

（900,000円 × 0.93 + 800,000円 × 0.89 × 0.08 + 850,000円

奥行価格補正率　側方路線影響加算率　裏面路線価　奥行価格補正率　二方路線影響加算率

× 0.89 × 0.08 + 750,000円 × 0.93 × 0.05）× 2,000m²

＝1,978,710,000円

（注）　財産評価基本通達20-2の「地積規模の大きな宅地の評価」については、考慮しないこととして計算しています。

（出典：国税庁　質疑応答事例）

❽ 不整形地の評価

　マンションの敷地は広大であることから、不整形地であることも珍しくありません。そこで、不整形地の評価方法について、国税庁の質疑応答事例などを引用して確認することとします。

（1）不整形地の奥行距離の求め方

　次の図のような不整形地の奥行距離はどのようにして求めるのでしょうか。

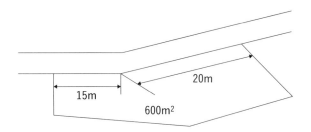

　奥行距離が一様でないものは平均的な奥行距離によります。具体的には、不整形地にかかる想定整形地の奥行距離を限度として、その不整形地の面積をその間口距離で除して得た数値とします。

　上の図のような不整形地にかかる想定整形地は次のとおりとなります。したがって、この不整形地の奥行距離は17.1m（600m² ÷ 35m ＝ 17.1＜20）となります。

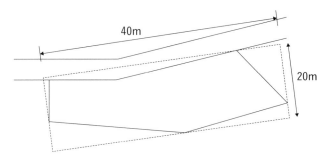

　一般に不整形地について、その奥行距離を図示すれば次のようになります。

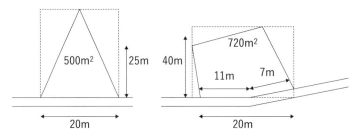

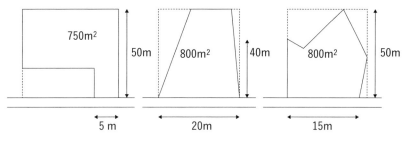

（出典：国税庁　質疑応答事例）

（2）差引き計算により評価する場合

次の図のような不整形地はどのように評価するのでしょうか。

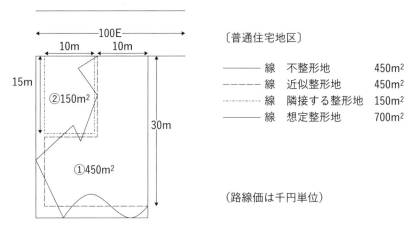

〔普通住宅地区〕

――――― 線	不整形地	450m²
- - - - - 線	近似整形地	450m²
-・-・-・- 線	隣接する整形地	150m²
――――― 線	想定整形地	700m²

（路線価は千円単位）

　近似整形地（①）を求め、隣接する整形地（②）と合わせて全体の
整形地の価額の計算をしてから隣接する整形地（②）の価額を差し引い
た価額を基として計算した価額に、不整形地補正率を乗じて評価します。

（計算例）

1　近似整形地（①）と隣接する整形地（②）を合わせた全体の整形
　　地の奥行価格補正後の価額

路線価　　　　　奥行距離30mの場合　　　①＋②の地積
100,000円　×　の奥行価格補正率　×　　600m²　　＝57,000,000円
　　　　　　　　　　0.95

035

2　隣接する整形地（②）の奥行価格補正後の価額

$$\underset{路線価}{100,000円} \times \underset{\substack{奥行距離15mの場合\\の奥行価格補正率\\1.00}}{1.00} \times \underset{\substack{②の地積\\150m^2}}{150m^2} = 15,000,000円$$

3　1の価額から2の価額を控除して求めた近似整形地（①）の奥行価格補正後の価額

$$\underset{①＋②}{57,000,000円} － \underset{②}{15,000,000円} = \underset{近似整形地（①）の価額}{42,000,000円}$$

4　近似整形地の奥行価格補正後の1m²当たりの価額（不整形地の奥行価格補正後の1m²当たりの価額）

$$\underset{近似整形地（①）の評価額}{42,000,000円} \div \underset{①の地積}{450m^2} = 93,333円$$

5　不整形地補正率

不整形地補正率0.88（普通住宅地区　地積区分 A　かげ地割合35.71%）

$$\left(かげ地割合 = \frac{\underset{想定整形地の地積}{700m^2} - \underset{不整形地の地積}{450m^2}}{\underset{想定整形地の地積}{700m^2}} ≒ 35.71\% \right)$$

6　評価額

$$\underset{近似整形地の単価}{93,333円} \times \underset{不整形地の地積}{450m^2} \times \underset{不整形地補正率}{0.88} = 36,959,868円$$

（注意事項）

1　近似整形地を設定する場合、その屈折角は90度とします。

2　想定整形地の地積は、近似整形地の地積と隣接する整形地の地積との合計と必ずしも一致しません。

3　全体の整形地の価額から差し引く隣接する整形地の価額の計算に当たって、奥行距離が短いため奥行価格補正率が1.00未満となる場合においては、当該奥行価格補正率は1.00とします。

　　ただし、全体の整形地の奥行距離が短いため奥行価格補正率が1.00未満の数値となる場合には、隣接する整形地の奥行価格補正率もその数値とします。

（出典：国税庁　質疑応答事例）

（3）不整形地の評価

　次の図のような宅地（地積1,600m²、三大都市圏に所在）の価額はどのように評価するのでしょうか（地積規模の大きな宅地の評価における要件は満たしています。）。

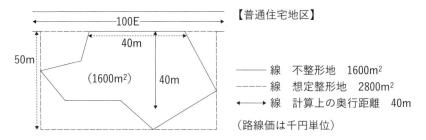

1　不整形地の計算上の奥行距離による奥行価格補正

地積		間口距離		計算上の奥行距離	想定整形地の奥行距離
1600m²	÷	40m	=	40m	（＜50m）

路線価		奥行距離40mの場合の奥行価格補正率		1平方メートル当たりの価額
100,000円	×	0.91	=	91,000円

2　不整形地補正率

不整形地補正率0.92（普通住宅地区　地積区分C　かげ地割合42.86%）

$$\left(\text{かげ地割合} = \frac{\underset{\text{想定整形地の地積}}{2800\text{m}^2} - \underset{\text{不整形地の地積}}{1600\text{m}^2}}{\underset{\text{想定整形地の地積}}{2800\text{m}^2}} \fallingdotseq 42.86\% \right)$$

3　規模格差補正率の計算（小数点以下第2位未満切捨て）

$$\frac{1,600\text{m}^2 \times 0.90 + 75}{1,600\text{m}^2} \times 0.8 = 0.75$$

4　評価額

	不整形地補正率		規模格差補正率		地積	
91,000円×	0.92	×	0.75	×1,600m²	=	100,464,000円

（出典：国税庁　質疑応答事例）

（4）正面路線の判定と不整形地補正

　正面路線に接する路線が直線に近いことから、同一路線か、二の路線かについて争いになった事案で、審判所は、以下のように裁決しました（平成11年6月11日裁決）。

裁決の要旨（平成11年6月11日）

1　本件宅地におけるＢ路線は、直線に近いことからＡ路線と同一の路線であるか、二の路線であるかについては、評価通達では角度等は定められていないが、路線価は、宅地の価額がおおむね同一と認められる一連の宅地が面している路線ごとに設定されるものであることからすれば、Ａ路線は中小工場地区でありＢ路線は普通住宅地区であること、Ａ路線は国道でＢ路線は里道でありその路線の状況が明らかに異なること及び、Ａ路線価はＢ路線価の2倍以上であることから判断すると、Ａ路線及びＢ路線を一の路線と解することはできないから、Ａ路線とＢ路線とはそれぞれ別個の路線と解するのが相当である。

2　そうすると、本件宅地はＡ路線とＢ路線の二の路線を有する宅地であり、評価通達の定めからすれば、本件宅地における正面路線は、路線価が高いＡ路線と認めるのが相当であり、本件宅地の正面路線価を求めるに当たっては、Ａ路線価及びＢ路線価の加重平均によることはできないから、審査請求人の主張は採用できない。つぎに、本件宅地におけるＢ路線について検討すると、Ｂ路線は正面路線であるＡ路線と接続する路線であることは明らかであり、そうすると、本件宅地は、正面と側面がそれぞれ路線に接する宅地であるから、Ｂ路線は、本件宅地の側方路線と認めるのが相当である。

3　また、本件宅地は、別表2の1のとおりＡ路線に間口21.4mで接する不整形地であり、不整形地の評価については、評価通達20の（1）では、不整形地の価額は、その不整形の程度、位置及び地積の大小に応じ、その

近傍の宅地との均衡を考慮して、その価額の100分の30の範囲内において相当と認められる金額を控除して評価する旨定められ、評価基準書では、付表7地積区分表及び付表8不整形地補正率表を適用して不整形地補正率を求めることとしており、この取り扱いは当審判所においても相当と認められる。

4　これを本件宅地について見ると、本件宅地は、評価基準書付表7の中小工場地区のAに該当し、また、A路線を正面路線とした想定整形地の地積を基に蔭地割合を求めると、蔭地割合は26.7%となり、同書付表8によると不整形地補正率は、0.98となる。したがって、本件宅地は、正面路線としてのA路線と側方路線としてのB路線に接する宅地であるので、一方のみが路線に接する宅地より利用価値が高いと解するのが相当であるから、評価通達の付表2の側方路線影響加算率表に定める加算率及び不整形地補正率を適用して評価することとなる。

別表 2

1　本件宅地の形状等

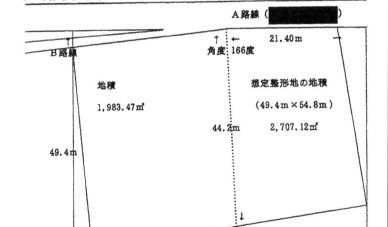

（出典：TAINS コード番号 F0-4-003）

20（不整形地の評価）

　不整形地（三角地を含む。以下同じ。）の価額は、次の（1）から（4）までのいずれかの方法により15（（奥行価格補正））から18（（三方又は四方路線影響加算））までの定めによって計算した価額に、その不整形の程度、位置及び地積の大小に応じ、付表4「地区区分表」に掲げる地区区分及び地積区分に応じた付表5「不整形地補正率表」に定める補正率（以下「不整形地補正率」という。）を乗じて計算した価額により評価する。

（1）　次図のように不整形地を区分して求めた整形地を基として計算する方法

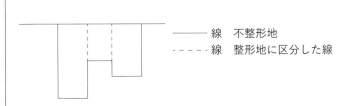

―――― 線　不整形地
- - - - 線　整形地に区分した線

（2）　次図のように不整形地の地積を間口距離で除して算出した計算上の奥行距離を基として求めた整形地により計算する方法

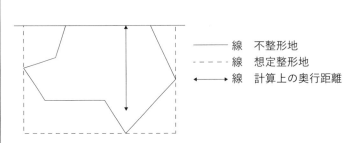

―――― 線　不整形地
- - - - 線　想定整形地
←――→ 線　計算上の奥行距離

（注）　ただし、計算上の奥行距離は、不整形地の全域を囲む、正面路線に面するく形又は正方形の土地（以下「想定整形地」という。）の奥行距離を限度とする。

（3）　次図のように不整形地に近似する整形地（以下「近似整形地」という。）を求め、その設定した近似整形地を基として計算する方法

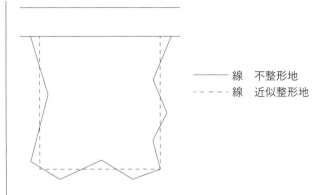

────── 線　不整形地
‐‐‐‐‐ 線　近似整形地

（注）　近似整形地は、近似整形地からはみ出す不整形地の部分の地積と近似整形地に含まれる不整形地以外の部分の地積がおおむね等しく、かつ、その合計地積ができるだけ小さくなるように求める（（4）において同じ。）。

（4）　次図のように近似整形地（①）を求め、隣接する整形地（②）と合わせて全体の整形地の価額の計算をしてから、隣接する整形地（②）の価額を差し引いた価額を基として計算する方法

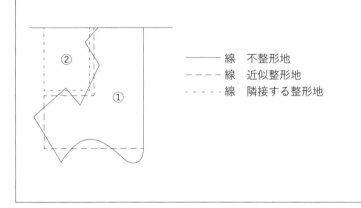

────── 線　不整形地
‐‐‐‐‐ 線　近似整形地
‐・‐・‐ 線　隣接する整形地

❾ 地積規模の大きな宅地等

　マンションの敷地は広大で、地積規模の大きな宅地等に該当する事例が多くあります。そこで、国税庁の質疑応答事例などを引用して評

価方法を確認します。

（1）概要

　地積規模の大きな宅地とは、三大都市圏においては500m²以上の地積の宅地、三大都市圏以外の地域においては1,000m²以上の地積の宅地をいいます（評基通20-2）。

（注1）　次の①から④のいずれかに該当する宅地は、地積規模の大きな宅地から除かれます。

　　　①　市街化調整区域（都市計画法34条10号または11号の規定に基づき宅地分譲に係る同法4条12項に規定する開発行為を行うことができる区域を除きます。）に所在する宅地

　　　②　都市計画法の用途地域が工業専用地域に指定されている地域に所在する宅地

　　　③　指定容積率が400％（東京都の特別区においては300％）以上の地域に所在する宅地

　　　④　財産評価基本通達22-2に定める大規模工場用地

（注2）　三大都市圏とは、次の地域をいいます。

　　　①　首都圏整備法2条3項に規定する既成市街地または同条4項に規定する近郊整備地帯

　　　②　近畿圏整備法2条3項に規定する既成都市区域または同条4項に規定する近郊整備区域

　　　③　中部圏開発整備法2条3項に規定する都市整備区域

（2）対象となる宅地

　「地積規模の大きな宅地の評価」の対象となる宅地は、路線価地域に所在するものについては、地積規模の大きな宅地のうち、普通商業・併用住宅地区および普通住宅地区に所在するものとなります。また、倍率地域に所在するものについては、地積規模の大きな宅地に該当する宅地であれば対象となります。

（3）評価方法

① 路線価地域に所在する場合

　「地積規模の大きな宅地の評価」の対象となる宅地は、路線価に、奥行価格補正率や不整形地補正率などの各種画地補正率のほか、規模格差補正率を乗じて求めた価額に、その宅地の地積を乗じて計算した価額によって評価します。

> 評価額＝路線価×奥行価格補正率×不整形地補正率などの各種画地補正率×規模格差補正率×地積（m²）

② 倍率地域に所在する場合

　「地積規模の大きな宅地の評価」の対象となる宅地については、次に掲げるイの価額と、ロの価額のいずれか低い価額により評価します。

イ．その宅地の固定資産税評価額に倍率を乗じて計算した価額

ロ．その宅地が標準的な間口距離及び奥行距離を有する宅地であるとした場合の1m²当たりの価額に、普通住宅地区の奥行価格補正率や不整形地補正率などの各種画地補正率のほか、規模格差補正率を乗じて求めた価額に、その宅地の地積を乗じて計算した価額

(注)　「その宅地が標準的な間口距離及び奥行距離を有する宅地であるとした場合の1m²当たりの価額」は、付近にある標準的な画地規模を有する宅地の価額との均衡を考慮して算定する必要があります。具体的には、評価対象となる宅地の近傍の固定資産税評価に係る標準宅地の1m²当たりの価額を基に計算することが考えられますが、当該標準宅地が固定資産税評価に係る各種補正の適用を受ける場合には、その適用がないものとしたときの1m²当たりの価額に基づき計算します。

　市街地農地等（市街地農地、市街地周辺農地、市街地山林および市街地原野をいいます。）については、その市街地農地等が宅地であるとした場合に「地積規模の大きな宅地の評価」の対象となる宅地に該当するときは、「その農地等が宅地であるとした場合の1m²当たりの

価額」について「地積規模の大きな宅地の評価」の定めを適用して評価します。

(4) 規模格差補正率

規模格差補正率は、次の算式により計算します（小数点以下第2位未満は切り捨てます。）。

$$規模格差補正率 = \frac{Ⓐ × Ⓑ + Ⓒ}{地積規模の大きな宅地の地積（Ⓐ）} × 0.8$$

上記算式中の「Ⓑ」および「Ⓒ」は、地積規模の大きな宅地の所在する地域に応じて、それぞれ次に掲げる表のとおりです。

① 三大都市圏に所在する宅地

地積	普通商業・併用住宅地区、普通住宅地区	
	Ⓑ	Ⓒ
500m²以上1,000m²未満	0.95	25
1,000m²以上3,000m²未満	0.90	75
3,000m²以上5,000m²未満	0.85	225
5,000m²以上	0.80	475

② 三大都市圏以外の地域に所在する宅地

地積	普通商業・併用住宅地区、普通住宅地区	
	Ⓑ	Ⓒ
1,000m²以上3,000m²未満	0.90	100
3,000m²以上5,000m²未満	0.85	250
5,000m²以上	0.80	500

地積規模の大きな宅地に定める評価においては、既に開発を了して

いるマンションやビル等の敷地であっても、指定容積率が400％（東京都の特別区においては300％）未満の地域に所在する宅地については、この通達の適用があることとされています。

　宅地の価額は、1利用単位（評価単位）ごとに、評基通11（評価の方式）以下の定めに従って評価することになりますから、評基通20-2に定める「地積規模の大きな宅地」に該当するかどうかについても、評基通7-2の定めに従った「評価単位」に基づいて判定することになります。

　「地積規模の大きな宅地」に該当するかどうかについては、共有者の持分に応じてあん分する前の共有地全体の地積により地積規模を判定することとしていますので、マンションの敷地全体の地積に基づいて判定することになります。

● 「地積規模の大きな宅地の評価」の適用対象の判定のためのフローチャート

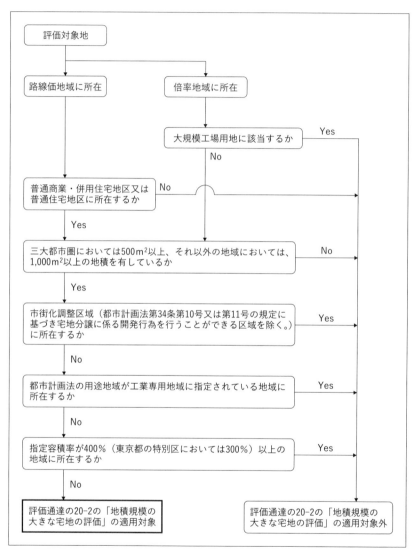

（出典：国税庁資料）

（平成30年1月1日以降用）「地積規模の大きな宅地の評価」の適用要件チェックシート（1面）

（はじめにお読みください。）

1　このチェックシートは、財産評価基本通達20－2に定める「地積規模の大きな宅地」に該当するかを確認する際にご使用ください（宅地等の評価額を計算するに当たっては、「土地及び土地の上に存する権利の評価明細書」をご使用ください。）。

2　評価の対象となる宅地等が、**路線価地域にある場合はA表**を、**倍率地域にある場合はA表及びB表**をご使用ください。

3　「確認結果」欄の全てが「はい」の場合にのみ、「地積規模の大きな宅地の評価」を適用して評価することになります。

4　「地積規模の大きな宅地の評価」を適用して申告する場合、このチェックシートを「土地及び土地の上に存する権利の評価明細書」に添付してご提出ください。

宅地等の所在地番			地　積		㎡
所　有　者	住　所（所在地）		評価方式	路線価　・　倍率	
	氏　名（法人名）			（A表で判定）	（A表及びB表で判定）
被相続人	氏　名		相続開始日又は受贈日		

【A表】

項　目	確認内容（適用要件）	確認結果	
面　積	○　評価の対象となる宅地等（※2）は、次に掲げる面積を有していますか。 ①　三大都市圏（注1）に所在する宅地については、**500㎡以上** ②　上記以外の地域に所在する宅地については、**1,000㎡以上**	はい	いいえ
地区区分	○　評価の対象となる宅地等は、路線価図上、次に掲げる地区のいずれかに所在しますか。 ①　**普通住宅地区** ②　**普通商業・併用住宅地区** ＊　評価の対象となる宅地等が倍率地域にある場合、普通住宅地区内に所在するものとしますので、確認結果は「はい」を選択してください。	はい	いいえ
都市計画（※1）	○　評価の対象となる宅地等は、市街化調整区域（注2）**以外**の地域に所在しますか。 ＊　評価の対象となる宅地等が都市計画法第34条第10号又は第11号の規定に基づき宅地分譲に係る開発行為（注3）ができる区域にある場合、確認結果は「はい」を選択してください。	はい	いいえ
	○　評価の対象となる宅地等は、都市計画の用途地域（注4）が「工業専用地域」（注5）に指定されている地域**以外**の地域に所在しますか。 ＊　評価の対象となる宅地等が用途地域の定められていない地域にある場合、「工業専用地域」に指定されている地域以外の地域に所在するものとなりますので、確認結果は「はい」を選択してください。	はい	いいえ
容積率（※1）	○　評価の対象となる宅地等は、次に掲げる容積率（注6）の地域に所在しますか。 ①　東京都の特別区（注7）に所在する宅地については、**300%未満** ②　上記以外の地域に所在する宅地については、**400%未満**	はい	いいえ

【B表】

項　目	確認内容（適用要件）	確認結果	
大規模工場用地	○　評価の対象となる宅地等は、「大規模工場用地」（注8）に**該当しない土地**ですか。 ＊　該当しない場合は「はい」を、該当する場合は「いいえ」を選択してください。	はい	いいえ

※1　都市計画の用途地域や容積率等については、評価の対象となる宅地等の所在する市（区）町村のホームページ又は窓口でご確認ください。

2　市街地農地、市街地周辺農地、市街地山林及び市街地原野についても、それらが宅地であるとした場合に上記の確認内容（適用要件）を満たせば、「地積規模の大きな宅地の評価」の適用があります（宅地への転用が見込めないと認められるものを除きます。）。

3　注書については、2面を参照してください。

（出典：国税庁資料）

（注）　1　三大都市圏とは、次に掲げる区域等をいいます（具体的な市町村は下記の（表）をご参照ください。）。
　　　　　① 首都圏整備法第２条第３項に規定する既成市街地又は同条第４項に規定する近郊整備地帯
　　　　　② 近畿圏整備法第２条第３項に規定する既成都市区域又は同条第４項に規定する近郊整備区域
　　　　　③ 中部圏開発整備法第２条第３項に規定する都市整備区域
　　　　2　市街化調整区域とは、都市計画法第７条第３項に規定する市街化調整区域をいいます。
　　　　3　開発行為とは、都市計画法第４条第12項に規定する開発行為をいいます。
　　　　4　用途地域とは、都市計画法第８条第１項第１号に規定する用途地域をいいます。
　　　　5　工業専用地域とは、都市計画法第８条第１項第１号に規定する工業専用地域をいいます。
　　　　6　容積率は、建築基準法第52条第１項の規定に基づく容積率（指定容積率）により判断します。
　　　　7　東京都の特別区とは、地方自治法第281条第１項に規定する特別区をいいます。
　　　　8　大規模工場用地とは、一団の工場用地の地積が５万㎡以上のものをいいます。

（表）　三大都市圏（平成28年４月１日現在）

圏名	都府県名		都市名
首都圏	東京都	全域	特別区、武蔵野市、八王子市、立川市、三鷹市、青梅市、府中市、昭島市、調布市、町田市、小金井市、小平市、日野市、東村山市、国分寺市、国立市、福生市、狛江市、東大和市、清瀬市、東久留米市、武蔵村山市、多摩市、稲城市、羽村市、あきる野市、西東京市、瑞穂町、日の出町
	埼玉県	全域	さいたま市、川越市、川口市、行田市、所沢市、加須市、東松山市、春日部市、狭山市、羽生市、鴻巣市、上尾市、草加市、越谷市、蕨市、戸田市、入間市、朝霞市、志木市、和光市、新座市、桶川市、久喜市、北本市、八潮市、富士見市、三郷市、蓮田市、坂戸市、幸手市、鶴ヶ島市、日高市、吉川市、ふじみ野市、白岡市、伊奈町、三芳町、毛呂山町、越生町、滑川町、嵐山町、川島町、吉見町、鳩山町、宮代町、杉戸町、松伏町
		一部	熊谷市、飯能市
	千葉県	全域	千葉市、市川市、船橋市、松戸市、野田市、佐倉市、習志野市、柏市、流山市、八千代市、我孫子市、鎌ケ谷市、浦安市、四街道市、印西市、白井市、富里市、酒々井町、栄町
		一部	木更津市、成田市、市原市、君津市、富津市、袖ケ浦市
	神奈川県	全域	横浜市、川崎市、横須賀市、平塚市、鎌倉市、藤沢市、小田原市、茅ケ崎市、逗子市、三浦市、秦野市、厚木市、大和市、伊勢原市、海老名市、座間市、南足柄市、綾瀬市、葉山町、寒川町、大磯町、二宮町、中井町、大井町、松田町、開成町、愛川町
		一部	相模原市
	茨城県	全域	龍ケ崎市、取手市、牛久市、守谷市、坂東市、つくばみらい市、五霞町、境町、利根町
		一部	常総市
近畿圏	京都府	全域	亀岡市、向日市、八幡市、京田辺市、木津川市、久御山町、井手町、精華町
		一部	京都市、宇治市、城陽市、長岡京市、南丹市、大山崎町
	大阪府	全域	大阪市、堺市、豊中市、吹田市、泉大津市、守口市、富田林市、寝屋川市、松原市、門真市、摂津市、高石市、藤井寺市、大阪狭山市、忠岡町、田尻町
		一部	岸和田市、池田市、高槻市、貝塚市、枚方市、茨木市、八尾市、泉佐野市、河内長野市、大東市、和泉市、箕面市、柏原市、羽曳野市、東大阪市、泉南市、四條畷市、交野市、阪南市、島本町、豊能町、能勢町、熊取町、岬町、太子町、河南町、千早赤阪村
	兵庫県	全域	尼崎市、伊丹市
		一部	神戸市、西宮市、芦屋市、宝塚市、川西市、三田市、猪名川町
	奈良県	全域	大和高田市、安堵町、川西町、三宅町、田原本町、上牧町、王寺町、広陵町、河合町、大淀町
		一部	奈良市、大和郡山市、天理市、橿原市、桜井市、五條市、御所市、生駒市、香芝市、葛城市、宇陀市、平群町、三郷町、斑鳩町、高取町、明日香村、吉野町、下市町
中部圏	愛知県	全域	名古屋市、一宮市、瀬戸市、半田市、春日井市、津島市、碧南市、刈谷市、安城市、西尾市、犬山市、常滑市、江南市、小牧市、稲沢市、東海市、大府市、知多市、知立市、尾張旭市、高浜市、岩倉市、豊明市、日進市、愛西市、清須市、北名古屋市、弥富市、みよし市、あま市、長久手市、東郷町、豊山町、大口町、扶桑町、大治町、蟹江町、阿久比町、東浦町、南知多町、美浜町、武豊町、幸田町、飛島村
		一部	岡崎市、豊田市
	三重県	全域	四日市市、桑名市、木曽岬町、東員町、朝日町、川越町
		一部	いなべ市

（注）　「一部」の欄に表示されている市町村は、その行政区域の一部が区域指定されているものです。評価対象となる宅地等が指定された区域内に所在するか否かは、当該宅地等の所在する市町村又は府県の窓口でご確認ください。

（出典：国税庁資料）

(5) 正面路線が2以上の地区にわたる場合の地区の判定

評価対象となる宅地の接する正面路線が2以上の地区にわたる場合には、その宅地の過半の属する地区をもって、その宅地の全部が所在する地区と判定します。

そこで、次の図のような宅地（地積1,500m²、三大都市圏以外の地域に所在）の価額はどのように評価するのか（地区以外の地積規模の大きな宅地の評価における要件は満たしています。）判定します。

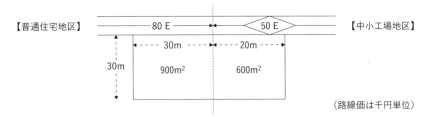

（路線価は千円単位）

① 地区の判定

評価対象となる宅地の接する正面路線が2以上の地区にわたる場合には、その宅地の過半の属する地区をもって、その宅地の全部が所在する地区と判定します。

上図の宅地の場合、普通住宅地区に属する部分の地積（900m²）が中小工場地区に属する部分の地積（600m²）よりも大きいことから、その宅地の全部が普通住宅地区に属するものと判定します。

したがって、上図の宅地は、その全部が「地積規模の大きな宅地の評価」の適用対象となります。

② 規模格差補正率の計算（小数点以下第2位未満切捨て）

$$\frac{1,500\text{m}^2 \times 0.90 + 100}{1,500\text{m}^2} \times 0.8 = 0.77$$

③ 評価額

$$\underset{\substack{\text{路線価}\\68,000\text{円}}}{} \times \underset{\substack{\text{普通住宅地区の}\\\text{奥行価格補正率}\\0.95}}{} \times \underset{\substack{\text{規模格差補正率}\\0.77}}{} \times \underset{\substack{\text{地積}\\1,500\text{m}^2}}{} = 74,613,000\text{円}$$

（注１） 路線価の加重平均の計算

$$\frac{80,000円 \times 30m + 50,000円 \times 20m}{50m} = 68,000円$$

（注２） 原則として、判定した地区に係る画地調整率を用います。

（出典：国税庁　質疑応答事例）

（6）指定容積率の異なる2以上の地域にわたる場合の容積率の判定

　地積規模の大きな宅地の評価の適用に係る容積率は、指定容積率（建築基準法52①）により判定します。

　したがって、指定容積率が400％以上（東京都の特別区においては300％以上）である場合には、前面道路の幅員に基づく容積率（基準容積率（建築基準法52②^(※)）が400％未満（東京都の特別区においては300％未満）であったとしても、容積率の要件を満たしません。

※　基準容積率は、前面道路の幅が12m未満の場合に、用途地域ごとに定められた係数を前面道路の幅（m）にかけて求めます。

　評価対象となる宅地が指定容積率（建築基準法52①）の異なる2以上の地域にわたる場合には、各地域の指定容積率に、その宅地の当該地域内にある各部分の面積の敷地面積に対する割合を乗じて得たものの合計により容積率を判定します。

《例》

　次の図のような宅地（地積1,400m²、三大都市圏以外の地域に所在）の指定容積率は、

$$\frac{400％ \times 875m^2 + 300％ \times 525m^2}{1,400m^2} = 362.5％$$

となります。

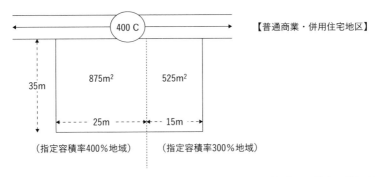

（出典：国税庁　質疑応答事例）

　この事例の場合、指定容積率は362.5％と判定され、かつ、東京都の特別区に所在しないため、地積規模の大きな宅地の要件のうち、容積率の要件を満たすことになります。

　マンションの敷地の用に供されている宅地の価額は、その敷地全体を評価し、その価額にその所有者の共有持分の割合を乗じた金額によって評価することとされています。

　この場合、そのマンション敷地に公衆化している道路、公園等の施設の用に供されている宅地が含まれていて、建物の専有面積に対する共有持分に応ずる敷地面積が広大となるため、この評価方法により評価することが著しく不適当であると認められる場合には、その公衆化している道路（建築基準法42条1項5号に規定する「位置指定道路」）、公園等の施設の用に供されている宅地部分を除外して評価しても差し支えないとしています。

　ただし、建築基準法59条の2（敷地内に広い空地を有する建築物の容積率等の特例）の規定に基づく総合設計制度により設けられた、敷地内に歩行者が日常自由に通行又は利用できる公開空地などは、計算から除くことはできません。

設　例

(注)　▢　の全体が敷地利用権の目的とされている宅地となっている。

1．被相続人　父（令和5年3月死亡）

2．父所有のマンション

　父は上記図表B棟の802号室を区分所有している。マンションの敷地は、

1筆で3棟の建物の敷地（地積8,000m²）として利用し、敷地利用権として その共有持分8,000分の40を有している。

　図表のうち、道路及び公園の地積は1,600m²で、敷地全体の相続税評価額は12億円である。

マンション敷地の共有持分に係る相続税評価額＝12億円×｛(8,000m²－1,600m²)÷8,000m²｝×40/8,000＝4,800,000円

質疑応答事例8037　マンション用地の評価
東京国税局課税第一部　資産課税課　資産評価官（平成16年12月作成）

2　マンション用地の評価

　公団等のマンション敷地の評価をするに当たり、マンション敷地内に道路、公園等の公衆化している施設の用に供されている宅地が多く含まれている場合について、どのように評価するのか。

（答）

　通常、公団等の分譲マンションの敷地に供されている宅地で、その宅地が多数の者により共有されている場合には、その敷地全体を評価した価額にその所有者の持分割合を乗じて評価することとされているが、その公団等の分譲マンション敷地のうちに公衆化している道路、公園等の施設の用に供されている宅地が多数含まれていて、建物の専有面積に対する共有部分に応ずる敷地面積が広大となるため、通常の評価方法にしたがって評価（原則として、マンション用地には、広大地補正率の適用はない）することが著しく不適当であると認められる場合には、その公衆化している道路等の施設の用に供されている宅地部分の面積を除いて評価して差し支えない。

（理由等）

　多数の者により共有されているマンション敷地の評価は、その敷地全体の評価額にその所有者の持分割合を乗じて評価するが、公団等の分譲マンションは、特色として、マンション敷地の規模が大きいことに加えて、団地内の

道路、公園、集会場等の公衆化している敷地部分の面積も大きいことから、共有部分に応ずる敷地面積が大きくなり、結果として、評価通達にしたがって評価（原則として、マンション用地には、広大地補正率の適用はない）した場合には不合理な結果になることも想定される。

　そこで、公団等の分譲マンション等の敷地内に公園、道路等の公衆化している施設の用に供されている宅地が多く含まれていて、建物の専有面積に対する共有部分に応ずる敷地面積が広大となるため、通常の評価方法によることが著しく不適当であると認められる場合には、その公衆化している道路等の施設の用に供されている宅地部分を除いて評価して差し支えない。

⑪ 公開空地と歩道状空地

(1) 公開空地のある宅地の評価

　建築基準法59条の2のいわゆる総合設計制度では、建物の敷地内に日常一般に公開する一定の空地を有するなどの基準に適合して許可を受けることにより、容積率や建物の高さに係る規制の緩和を受けることができます。この制度によって設けられたいわゆる公開空地は、建物を建てるために必要な敷地を構成するもので、建物の敷地として評価します。

　公開空地の評価については、当該宅地自体は空地として維持しなければならないという利用制限を受けますが、他の建物の建築されている敷地と一体となって利用単位を構成するものであり、建築基準法上の容積率や建ぺい率の計算に当たっても、当該宅地を含めて計算算定するものであることから、特別に斟酌配慮する必要はなく、公開空地も通常どおりの評価方法により評価することになります。

(2)　歩道状空地

　「歩道状空地」の用に供されている宅地が、法令上の制約の有無のみならず、その宅地の位置関係、形状等や道路としての利用状況、これらを踏まえた道路以外の用途への転用の難易等に照らし、客観的交換価値に低下が認められる場合には、その宅地を財産評価基本通達24に基づき評価します。

　具体的には、①都市計画法所定の開発行為の許可を受けるために、地方公共団体の指導要綱等を踏まえた行政指導によって整備され、②道路に沿って、歩道としてインターロッキングなどの舗装が施されたものであり、③居住者等以外の第三者による自由な通行の用に供されている「歩道状空地」は、財産評価基本通達24に基づき評価することとなります。

　そのため、「歩道状空地」が、不特定多数の者の通行の用に供されている場合には、その価額は評価しません。

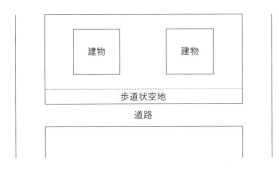

（出典：国税庁　質疑応答事例）

　従前の取扱いは、相続の対象である共同住宅の敷地の外延部に設けられた歩道状空地の価額の算定について、同敷地に含まれる土地はいずれも公道に接しており、同空地は接道義務を果たすために設けられたものではなく、同空地も含めて建物敷地の一部として建ぺい率等が算定されているなど判示の事情の下では、財産評価基本通達24にいう

「私道の用に供されている宅地」には該当しないとしていました（東京高裁：平成28年1月13日判決）。

　しかし、最高裁判所平成29年2月28日判決において、従来の取扱いが変更される判示がなされ、平成29年7月には国税庁 HP においても同判決内容を踏まえた歩道状空地の用に供されている宅地の取扱いが発表されました。

最高裁判決：要旨

　私道の用に供されている宅地につき客観的交換価値が低下するものとして減額されるべき場合を、建築基準法等の法令によって建築制限や私道の変更等の制限などの制約が課されている場合に限定する理由はなく、そのような宅地の相続税に係る財産の評価における減額の要否及び程度は、私道としての利用に関する建築基準法等の法令上の制約の有無のみならず、当該宅地の位置関係、形状等や道路としての利用状況、これらを踏まえた道路以外の用途への転用の難易等に照らし、当該宅地の客観的交換価値に低下が認められるか否か、また、その低下がどの程度かを考慮して決定する必要があるというべきである。

財産評価基本通達24（私道の用に供されている宅地の評価）

　私道の用に供されている宅地の価額は、11《評価の方式》から21-2《倍率方式による評価》までの定めにより計算した価額の100分の30に相当する価額によって評価する。この場合において、その私道が不特定多数の者の通行の用に供されているときは、その私道の価額は評価しない。

　歩道状空地や公開空地に該当するかどうかについては、実務的には役所の開発指導課などにて建築計画概要書を取得し、建築基準法59条2の総合設計などにより建築されているかどうかを確認することによって調査することができます。

また、以下の写真のようなマンション敷地内の看板を確認することで、歩道状空地の有無を確認することもできます。

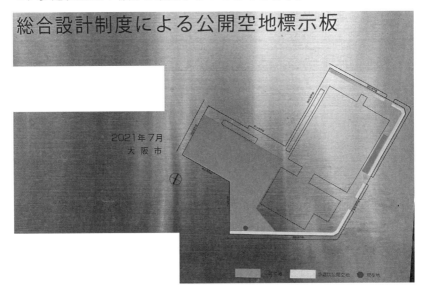

⑫ 小規模宅地等の特例

　個人が、相続や遺贈によって取得した財産のうち、その相続開始の直前において被相続人または被相続人と生計を一にしていた被相続人の親族（以下「被相続人等」といいます。）の事業の用または居住の用に供されていた宅地等（土地または土地の上に存する権利をいいます。）のうち一定のものがある場合には、その宅地等のうち一定の面積までの部分（以下「小規模宅地等」といいます。）については、相続税の課税価格に算入すべき価額の計算上、一定の限度面積と減額される割合によって宅地等の評価額を減額します。

　区分所有マンションの多くは、居住用または貸付用として利用されていることから「特定居住用宅地等」と「貸付事業用宅地等」の特例の適用を受けることになると思われます。

（1）特定居住用宅地等

① 複数の居室を有している場合

　小規模宅地等の特例の特定居住用宅地等とは、被相続人または被相続人と生計を一にしていた親族の居住の用に供されていた宅地等をいい、例えば、被相続人の居住の用に供していた宅地が二以上ある場合には、この特例の対象となるものは、被相続人が主として居住の用に供していた一の宅地に限られています（措法69の4③二、措令40の2⑪一）。

　被相続人が同一マンションの2室を所有していた場合、その2室が併せて被相続人の居住の用に供されていた一の居住用資産に当たるか否かについては、そのマンションの2室が、資産としての物理的な一体性を有していたかどうか、さらには機能的な一体性を有していたかどうかというような客観的状況から判断すべきものと思われます。

　例えば、隣接する2つの居室を有している場合には、その2つの部屋の間仕切りを一部撤去し、室内を自由に往来することができるなど、一体として被相続人や生計を一にする親族の居住の用に供していた場合には、それらの建物の敷地等について特定居住用宅地等として小規模宅地等の特例の適用を受けることができると考えられます（私見）。

　一方、異なる階の居室を有している場合には、各居室は独立した居住用家屋としての機能を有していますので、その2室に客観的な一体性があるとは考えられません。したがって、2室を併せて被相続人の居住の用に供されていた一の家屋と見ることはできないと思われます。

　仮に、異なる階の居室も被相続人の居住の用に供されていた家屋に該当するとしても、被相続人は居住の用に供していた宅地（家屋）を二以上有していたことになり、被相続人が主として居住の用に供して

いたと思われる階の居室の敷地部分に相当する宅地のみが小規模宅地等の特例の対象となると考えられます。

② 家なき子に関する裁決

　被相続人に配偶者がいない場合で、相続開始の直前において被相続人の居住の用に供されていた家屋に居住していた被相続人の相続人（相続の放棄があった場合には、その放棄がなかったものとした場合の相続人）がいないときには、以下の要件を満たすことで「家なき子」として小規模宅地等の特例（特定居住用宅地等）の適用を受けることができます。

イ．　相続開始前3年以内に日本国内にある取得者、取得者の配偶者、取得者の三親等内の親族または取得者と特別の関係がある一定の法人が所有する家屋（相続開始の直前において被相続人の居住の用に供されていた家屋を除きます。）に居住したことがないこと。

ロ．　相続開始時に、取得者が居住している家屋を相続開始前のいずれの時においても所有していたことがないこと。

ハ．　その宅地等を相続開始時から相続税の申告期限まで有していること。

　家なき子に該当するか否かについては、以下のような裁決（平成13年12月25日）があります。

事案の概要

1．**亡夫の相続開始日**　平成6年12月2日

2．**今回の被相続人の相続開始日**　平成10年4月18日

3．**被相続人の相続財産**　被相続人が一人住まいであった土地等

4．**亡夫の遺産分割協議の成立**　平成10年12月14日

亡夫の所有していたマンションには、共同相続人のFとG（Fの配偶者）の2人が平成3年3月31日から平成11年2月4日までの間居住し、遺産分割協議によってこのマンションを相続することになった。また、被相続人が居住していた土地等をFが相続した。

裁決の要旨

　被相続人と同居していた相続人がいない場合に同特例の適用を受けるには、本件土地を取得した相続人が「相続開始前3年以内に相続税法の施行地内にあるその者又はその者の配偶者の所有する家屋に居住したことがない者」であることが要件となるところ、請求人は、同期間において、前回の相続に係る未分割財産であった本件マンションに配偶者と共に居住し、その後、それに係る遺産分割によって同マンションを取得したもので、民法896条及び898条の規定により、請求人は上記要件に該当しないことになるため、本件土地は特定居住用宅地等に該当しない。

---

(2) 貸付事業用宅地等

　小規模宅地等の特例における貸付事業用宅地等については、以下の場合がこれに該当します（措法69の4③四イ、ロ）。

① 　相続開始直前において被相続人の貸付事業（不動産貸付業、駐車場業、自転車駐車場業及び準事業をいいます。）の用に供されていた宅地等を、被相続人の親族が取得し、その親族が相続税の申告期限までに貸付事業を引き継ぎ、申告期限まで引き続き当該宅地等を保有し、かつ、貸付事業の用に供している場合の宅地等

② 　被相続人と生計を一にしていた親族の貸付事業の用に供されていた宅地等を、その親族が相続により取得し、相続税の申告期限まで保有し、かつ、引き続きその親族の貸付事業の用に供している場合の宅地等

　一方、平成30年度の税制改正により、被相続人等が貸付事業の用に供している宅地等であっても、相続開始前3年以内に新たに貸付事業の用に供された宅地等については、貸付事業用宅地等の範囲から除くこととされています（同号柱書き）。

　ただし、相続開始の日まで3年を超えて引き続き「特定貸付事業」を行っていた被相続人等により、相続開始前3年以内に新たに貸付事業の用に供された宅地等は、貸付事業用宅地等に含むものとされています（同号柱書きのかっこ書き）。

　この場合の「特定貸付事業」とは、準事業（事業と称するに至らない不動産の貸付けその他これに類する行為で相当の対価を得て継続的に行うもの）以外の貸付事業をいうこととされています（措令40の2⑲）。すなわち、相続開始前3年以内に貸付事業の用に供された宅地等は、原則として貸付事業用宅地等に該当しませんが、被相続人等が3年を超えて事業的規模の貸付事業（特定貸付事業）を行っていた場合には、その被相続人等が3年以内に新たに取得するなどして貸付けの用に供した宅地等も、貸付事業用宅地等に該当することになります。

　なお、事業的規模で不動産貸付けを行っていたかどうかの判定に当たっては、所得税基本通達26-9、27-2の取扱いを参考に判定することになります（措通69の4-24の4）。

　また、被相続人が特定貸付事業（事業的規模での貸付事業）を行っていた場合に、相続開始前3年以内に先代の被相続人から特定貸付事業を引き継いで行っていたときの「3年を超えて引き続き特定貸付事業を行っていた」かどうかの判定については、その先代の特定貸付事業を行っていた期間と通算して3年を超えて行っていたかどうかを判定することとされています（措令40の2㉑）。

(3) 相続開始直前に賃借人が退去し、相続開始時は空室である場合の評価方法

【問】

　区分所有マンションを賃貸の用に供していましたが、相続開始直前に賃借人が退去し、その後にリフォームを実施して賃貸募集をしていました。しかし、賃借人が決まらないうちに相続が開始しました。

　相続人は継続して賃貸募集していて、相続開始後1か月以内に賃借人が決まり賃貸を開始しました。

　この場合、そのマンションは「貸家」として、その敷地は「貸家建付地」として評価することができますか。また、貸付事業用宅地等として小規模宅地等の特例の適用を選択することができますか。

【回答】

1. 貸家及び貸家建付地としての評価

　借家権の目的となっている家屋は貸家として、その貸家の敷地の用に供されている宅地は貸家建付地として評価することとなり、それらの価額は、以下の算式により評価します。

$$\text{貸家の価額} = \text{自用の家屋の価額} - \text{自用の家屋の価額} \times \text{借家権割合} \times \text{賃貸割合}$$

$$\text{貸家建付地の価額} = \text{自用地としての価額} - \text{自用地としての価額} \times \text{借地権割合} \times \text{借家権割合} \times \text{賃貸割合}$$

　これら算式における「賃貸割合」は、その貸家が構造上区分された数個の部分（各独立部分）からなっている場合において、次の算式により算定します。

$$\text{賃貸割合} = \frac{\text{Aのうち課税時期において賃貸されている各独立部分の床面積の合計（B）}}{\text{その貸家の各独立部分の床面積の合計（A）}}$$

　この割合の算定に当たって、継続的に賃貸されてきたもので、課税時期において、一時的に賃貸されていなかったと認められる各独立部分がある場合には、その各独立部分の床面積を、賃貸されている各独立部分の床面積（B）に加えて賃貸割合を計算して差し支えありません。

　なお、アパート等の一部に空室がある場合の一時的な空室部分が、「継続的に賃貸されてきたもので、課税時期において、一時的に賃貸されていなかったと認められる」部分に該当するかどうかは、その部分が、①各独立部分が課税時期前に継続的に賃貸されてきたものかどうか、②賃借人の退去後速やかに新たな賃借人の募集が行われたかどうか、③空室の期間、他の用途に供されていないかどうか、④空室の期間が課税時期の前後の例えば1か月程度であるなど一時的な期間であったかどうか、⑤課税時期後の賃貸が一時的なものではないかどうかなどの事実関係から総合的に判断します。

　この取り扱いは、アパート等の一部に空室がある場合のものです。「戸建て賃貸」や「区分所有マンション」においては、相続開始直前まで賃貸の用に供しており、相続開始時にたまたま空室となっていて、相続開始後1か月以内に賃貸借が開始した場合でも貸家及び貸家建付地として評価することはできません。

　また、小規模宅地等の特例の適用については、相続開始の直前において被相続人等の事業の用に供されていることが要件とされていますので、相続開始後に賃貸の用に供しても貸付事業用宅地等としてこの特例を選択することはできません。

（4）マンションの区分所有権の数戸を取得した場合の「小規模宅地等についての相続税の課税価格の計算の特例に係る相続税の申告書の記載例」

【問】

　被相続人甲は、一棟の建物に構造上区分された数戸の部分で独立して住居、店舗、事務所又は倉庫その他建物としての用途に供することができるもの（いわゆるマンション）について全40戸のうち３戸を有していた。

　なお、その敷地利用権（所有権）は、マンションの敷地（1,000m²）に対してそれぞれ40分の１となっている。

　甲は３戸のうち１戸を甲とその配偶者乙及び子丙の居住の用に、残り２戸を甲の貸付事業の用に供していた。

　乙は、甲が所有していた３戸のうち居住の用に供していた１戸を相続により取得し、申告期限まで引き続き自己の居住の用に供している。丙は、残り２戸を相続により取得し、申告期限まで引き続き貸付事業の用に供している。

　相続税の申告に当たり、乙は相続により取得した１戸に対応する敷地について特定居住用宅地等として選択し（特定居住用宅地等の要件は満たしている。）、丙は相続により取得した２戸に対応する敷地について貸付事業用宅地等として選択し（貸付事業用宅地等の要件は満たしている。）小規模宅地等の特例の適用を受ける。

　この場合の相続税の申告書第11・11の２表の付表１（小規模宅地等についての課税価格の計算明細書）、第11・11の２表の付表１（別表１）（小規模宅地等についての課税価格の計算明細書（別表１））の記載はどのようにすればよいか。

①　甲と乙の居住の用に供されていた部分に相当する宅地等の相続税評価額
　　2,000万円

②　甲の貸付事業の用に供されていた部分に相当する宅地等の相続税評価額
　　1,580万円

※　上記各相続税評価額は、１戸分に対応する部分のものである。

【回答】

　本件の場合の相続税の申告書第11・11の2表の付表1（小規模宅地等についての課税価格の計算明細書）の記載は次頁のとおり。

　なお、相続税の申告書第11・11の2表の付表1（別表1）（小規模宅地等についての課税価格の計算明細書（別表1））は、次の①又は②に該当する場合に作成することとされていることから、本件の場合はその作成を要しない。

①　相続又は遺贈により一の宅地等を2以上の相続人又は受遺者が取得している場合

②　一の宅地等の全部又は一部が、貸家建付地である場合において、貸家建付地の評価額の計算上「賃貸割合」が「1」でない場合

※　一の宅地等とは、一棟の建物又は構築物の敷地をいう。ただし、マンションなどの区分所有建物の場合には、区分所有された建物の部分に係る敷地をいう。

小規模宅地等についての課税価格の計算明細書

FD3549

被相続人　甲

この表は、小規模宅地等の特例（租税特別措置法第69条の4第1項）の適用を受ける場合に記入します。
なお、被相続人から、相続、遺贈又は相続時精算課税に係る贈与により取得した財産のうちに、「特定計画山林の特例」の対象となり得る財産
又は「個人の事業用資産についての相続税の納税猶予及び免除」の対象となり得る宅地等その他一定の財産がある場合には、第11・11の2表の
付表2を、「特定事業用資産の特例」の対象となり得る財産がある場合には、第11・11の2表の付表2の2を作成します（第11・11の2表の付
表2又は付表2の2を作成する場合には、この表の「1 特例の適用にあたっての同意」欄の記入を要しません。）。
この表の1又は2の各欄に記入しきれない場合には、第11・11の2表の付表1（続）を使用します。

1 特例の適用にあたっての同意

この欄は、小規模宅地等の特例の対象となり得る宅地等を取得した全ての人が次の内容に同意する場合に、その宅地等を取得した全ての人の氏名を記入します。
なお、小規模宅地等の特例の対象となり得る宅地等を取得した全ての人の同意がなければ、この特例の適用を受けることはできません。

私（私たち）は、「2 小規模宅地等の明細」の①欄の取得者が、小規模宅地等の特例の適用を受けるものとして選択した宅地等又はその一部
（「2 小規模宅地等の明細」の⑤欄で選択した宅地等）の全てが限度面積要件を満たすものであることを確認の上、その取得者が小規模宅地等の
特例の適用を受けることに同意します。

氏名	乙	丙	

（注）小規模宅地等の特例の対象となり得る宅地等を取得した全ての人の同意がなければ、この特例の適用を受けることはできません。

2 小規模宅地等の明細

この欄は、小規模宅地等の特例の対象となり得る宅地等を取得した人のうち、その特例の適用を受ける人が選択した小規模宅地等の明細等を
記載し、相続税の課税価格に算入する価額を計算します。

「小規模宅地等の種類」欄は、選択した小規模宅地等の種類に応じて次の1～4の番号を記入します。
小規模宅地等の種類：1 特定居住用宅地等、2 特定事業用宅地等、3 特定同族会社事業用宅地等、4 貸付事業用宅地等

小規模宅地等の種類	① 特例の適用を受ける取得者の氏名〔事業内容〕	⑤ ③のうち小規模宅地等（限度面積要件）を満たす宅地等）の面積	
	② 所在地番	⑥ ④のうち小規模宅地等（④×⑨）の価額	
	③ 取得者の持分に応ずる宅地等の面積	⑦ 課税価格の計算に当たって減額される金額（⑥×⑨）	
	④ 取得者の持分に応ずる宅地等の価額	⑧ 課税価格に算入する価額（④−⑦）	
1	① 乙〔　〕	⑤ 25. ㎡	
	② 福岡市○○区○○△丁目×番	⑥ 20000000 円	
	③ 25. ㎡	⑦ 16000000 円	
	④ 20000000 円	⑧ 4000000 円	
4	① 丙〔貸家〕	⑤ 25. ㎡	
	② 福岡市○○区○○△丁目×番	⑥ 15800000 円	
	③ 25. ㎡	⑦ 7900000 円	
	④ 15800000 円	⑧ 7900000 円	
4	① 丙〔貸家〕	⑤ 25. ㎡	
	② 福岡市○○区○○△丁目×番	⑥ 15800000 円	
	③ 25. ㎡	⑦ 7900000 円	
	④ 15800000 円	⑧ 7900000 円	

（注）1 ①欄の「〔　〕」は、選択した小規模宅地等が被相続人等の事業用宅地等（2、3又は4）である場合に、相続開始の直前にその宅地等の上で行われ
ていた被相続人等の事業について、例えば、飲食サービス業、法律事務所、貸家などのように具体的に記入します。
2 小規模宅地等を選択する一の宅地等が共有である場合又は一の宅地等が貸家建付地である場合において、その評価額の計算上「賃貸割合」が1でない
ときには、第11・11の2表の付表1（別表1）を作成します。
3 小規模宅地等を選択する一の宅地等が、配偶者居住権に基づく敷地利用権又は配偶者居住権の目的となっている建物の敷地の用に供される宅地等で
ある場合には、第11・11の2表の付表1（別表1の2）を作成します。

○「限度面積要件」の判定

上記「2 小規模宅地等の明細」の⑤欄で選択した宅地等の全てが限度面積要件を満たすものであることを、この表のⓓ欄を記入することにより
判定します。

小規模宅地等の区分	被相続人等の居住用宅地等	被相続人等の事業用宅地等		
小規模宅地等の種類	1 特定居住用宅地等	2 特定事業用宅地等	3 特定同族会社事業用宅地等	4 貸付事業用宅地等
⑨ 減額割合	80/100	80/100	80/100	50/100
ⓐ ⑤の小規模宅地等の面積の合計	25 ㎡		㎡	50 ㎡
ⓑ 限度面積 [1]の⑤の小規模宅地等のうちに4貸付事業用宅地等がない場合	[1]の⑤の面積 ≤330㎡	[2]の②及び3の⑤の面積の合計 ㎡ ≦ 400㎡		
限度面積 [2]の⑤の小規模宅地等のうちに4貸付事業用宅地等がある場合	[1]の⑤の面積 25 ㎡×200/330 +	[2]の②及び3の⑤の面積の合計 ㎡×200/400 +		[4]の⑤の面積 50 ㎡ ≦ 200㎡

（注）限度面積は、小規模宅地等の種類（4 貸付事業用宅地等の選択の有無）に応じて、ⓑ欄（イ又はロ）により判定を行います。「限度面積要件」を満たす
場合に限り、この特例の適用を受けることができます。

※ 税務署整理欄	年分	名簿番号	申告 年月日	中告区分	関与 番号	グループ 番号	補完

第11・11の2表の付表1（令2.7）　　　　　　　　（資4-20-12-3-1-A4統一）

第2章

不動産の評価差額を活用した
相続対策の否認事例

相続、遺贈または贈与により取得した財産の価額は、当該財産の取得の時における時価による（相法22）と定められています。時価とは、課税時期（相続、遺贈若しくは贈与により財産を取得した日）において、それぞれの財産の現況に応じ、不特定多数の当事者間で自由な取引が行われる場合に通常成立すると認められる価額をいい、その価額は、この通達の定めによって評価した価額による（評基通1）としています。

　財産評価基本通達では、不動産の価額などについて定めていて、実務ではこの評価通達に基づいて土地や建物などを評価しています。

　しかし、「この通達の定めによって評価することが著しく不適当と認められる財産の価額は、国税庁長官の指示を受けて評価する」（評基通6、以下「総則6項」といいます。）としています。

　総則6項については、松田貴司編『財産評価基本通達逐条解説（令和5年版)』（大蔵財務協会）において、「評価基本通達に定める評価方法を画一的に適用した場合には、適正な時価評価が求められず、その評価額が不適切なものとなり、著しく課税の公平を欠く場合も生じることが考えられる。このため、そのような場合には、個々の財産の態様に応じた適正な時価評価が行えるよう定めている。」としています。

　そこで、この章では、相続開始直前などに借入金等によって賃貸不動産を取得して、取得価額と相続税評価額の差額を活用した相続対策の否認事例について、裁決例や裁判例などを紹介し、相続対策でどのように対処すれば良いかなどについて解説することとします。

　なお、判決等の内容について、相続税の課税価格や相続税の総額などの数値について、公表されている場合には、その数値に基づいて一覧表にし、数値が伏されている場合には、公表されている部分の数を基に推測する方法によって作表し、争いの内容を数値化して分かり易

くしてあります。

　そのため、事実と相違する数値になっている可能性がありますが、争いの概要を確認することができる程度の精度であることにご留意ください。

I　総則 6 項による否認事例

　総則 6 項の規定によって否認された主な事例は、以下のとおりです。

❶　東京高裁判決（昭和56年 1 月28日）上告

東京地裁判決（昭和53年 9 月27日）控訴
東京高裁判決（昭和56年 1 月28日）上告
最高裁判決（昭和61年12月 5 日）上告棄却

　この判決が、総則 6 項の規定を判決において、初めて納税者に不利になるように適用したものといわれています。

　この事案は、相続税の課税財産に関し、「土地の所有権が残っていても実質は売買代金債権を確保するための機能を持つにすぎないから、課税財産を構成せず課税財産となるのは売買代金債権である」とされた事例です。

東京地裁：判決要旨

　被相続人が生前売渡すこととした農地は相続財産を構成するか否かにつき、売買代金の 3 分の 1 相当額が被相続人の生前に支払われているが、その売買契約書においては、残金は所有権移転登記の申請をすると同時に支払うこと、土地の引渡しは売買代金の全額が支払われたときとする旨約されているから、土地の所有権移転の時期を売買代金の残金が支払われた時とする旨の特約が存したと推認するのが相当であるところ、売買代金の残金が支払われたのは被相続人の死亡後であるから、土地の所有権は相続開始の時点まで

にはいまだ何人にも移転しておらず、右所有権は被相続人の遺産として相続
により同人の相続人であるＸらに承継されたものというべきである。

東京高裁：判決要旨

① 　土地の売買契約成立後代金完済前に売主が死亡した場合につき、右売買
　契約には土地所有権移転の時期を代金完済の時とする特約があったと認め
　られるから、右売主の相続人らに対する相続税の課税物件に含まれるの
　は、右土地の所有権である。
② 　土地の売買契約成立後代金完済前に売主が死亡し、右売買契約に土地所
　有権移転の時期を代金完済の時とする特約があったと認められる場合につ
　き、右土地の価額は、相続税財産評価に関する基本通達によらず、売買契
　約の実際の取引価額によって評価するのが合理的である。

　東京高裁は以下のように判示しました。
「・・・相続税法22条は、相続財産の価格は特別に定める場合を除い
て当該財産の取得時における時価による旨定めているのみで、同法は
土地の時価に関する評価方法をなんら定めていないのである。そこ
で、国税庁において「相続税財産評価に関する基本通達」を定め、そ
の評価基準に従って各税務署が統一的に土地の評価をし、課税事務を
行っていることは周知のとおりである。
　したがって、右基準によらないことが正当として是認されうるよう
な特別な事情がある場合は別として、原則として、右通達による基準
に基づいて土地の評価を行うことが相続税の課税の公平を期する所以
であると考えられる。」
「・・・相続開始当時における土地の評価額が取引価額によって具体
的に明らかになっており、しかも、被相続人もしくは相続人が相続に
近接した時期に取引代金を全額取得しているような場合において、そ

の取引価額が客観的にも相当であると認められ、しかも、それが通達による路線価額との間に著しい格差を生じているときには、右通達の基準により評価することは相続税法22条の法意に照らし合理的とはいえないというべきである。

　してみれば、本件土地の評価については、前記取引価額をもってすることが正当として是認しうる特別の事情があるというべきである。」

最高裁：判決要旨

　相続税の課税財産に関し、被相続人Pは昭和47年7月7日その所有土地につき売買契約を締結したが、この契約においては、土地の所有権移転の時期を売買代金の残金が支払われた時とする特約があり、右残代金が支払われたのは、Pの死亡（相続開始）後の昭和47年12月15日であるため、同人が死亡当時にはいまだ買主側に移転しておらず、したがって土地はPの遺産として同人の相続人に承継されたものであるとの事実関係のもとにおいては、たとえ土地の所有権が売主に残っているとしても、もはやその実質は売買代金債権を確保するための機能を有するにすぎないものであり、右土地の所有権は、独立して相続税の課税財産を構成しないというべきであって、相続税の課税財産となるのは、売買残代金債権であると解するのが相当であり、したがって、右土地の価額をその売買残代金債権と同額であるとした原審の判断は、結論において正当として是認することができる。

❷ 東京地裁判決（平成4年3月11日）控訴

国税不服審判所裁決（平成2年6月18日）
東京地裁判決（平成4年3月11日）控訴
東京高裁判決（平成5年1月26日）上告
最高裁判決（平成5年10月28日）上告棄却

事案の概要

1．被相続人（以下「甲」という。）が本件マンションを購入し、原告らがこれを売却するに至るまでの経緯については、次のような事実が認められる。

①　甲は、明治25年生まれ（死亡当時95歳）で、●●医科大学の会頭理事であったが、かねてから不動産等の資産運用に関心を持っており、昭和60年ころには銀行からの長期の借入金で自己所有の貸家をマンションに建て替える等したこともあり、相続税対策についても、借入金により不動産を購入すること等によって相続税の負担を軽減させるという節税方法について関心を示していた。

　なお、甲は、糖尿病、動脈硬化症、前立腺肥大症、腰椎圧迫骨折の病名で、昭和59年7月から毎年入院を繰り返すようになり、死亡前も、昭和62年9月9日から入院するに至っていた。

②　昭和62年8月末ころ、原告乙及び同丙は、甲の意向を受けて、株式会社R社を訪れ、5億ないし10億円程度の更地の土地を購入したい旨申入れたところ、同社には適当な更地物件がなかったことから、同原告らに対し、同社が●●不動産株式会社と共同で分譲を開始した本件マンションを購入物件として紹介した。

　その後右原告らは、同年10月初旬、甲が買主となって本件マンションをR社及び●●不動産から買い受ける方向で話がまとまり、更に、その購入資金についても、右原告両名が借入れ先の紹介をR社に依頼したところ、同社からその関連会社であるFF株式会社を紹介され、同社から購入資金の融資を受けることとなった。

③　昭和62年10月9日、原告乙は、入院中の甲の代理人として、1）R社及び●●不動産との間で、本件マンションを右両社の公表していた分譲予定価格である7億5,850万円で購入する旨の売買契約を、2）R社との間で、購入した本件マンションを賃料月額166万

4,000円で同社に賃貸する旨の賃貸借契約を、3）FF株式会社との間で、本件マンションの購入資金等として8億円を借り入れる旨の金銭消費貸借契約を、それぞれ締結した。なお、右借入金のうち、7億5,938万円は本件マンションの代金の支払に充てられ、その余は、借入金の利息、登録免許税等の支払に充てられた。

④ 右本件マンション購入資金借入れのための金銭消費貸借契約は、元金返済を3年間据え置いたうえでこれを17年間で分割返済し、利率は年7.2％（月額利息約480万円）とするというものであり、また、右本件マンションの賃貸借契約は、R社が本件マンションを他に転賃貸することをあらかじめ甲が承諾し、賃貸期間を2年とし、R社の賃料支払義務を昭和62年12月まで免除するというものであった。（この事実については、当事者間に争いがない。）

⑤ 昭和62年12月19日、甲は死亡した。原告らは、昭和63年1月22日、甲の遺産について分割協議をし、本件マンションについては、各原告が各持分4分の1ずつでこれを共有することとなった。同年1月30日及び2月3日に、原告らは、R社との間で本件マンションの売却に関する一般媒介契約を締結し、同年4月上旬から7月下旬にかけて、同社の媒介によって本件マンションを総額7億7,400万円で他に売却した。

　なお、FF株式会社からの借入金の大部分は、この売却金によって返済されるに至っている。（この事実については、当事者間に争いがない。）

⑥ 原告らは、本件相続税の申告について、法定申告期限までに、評価通達の定めに基づき本件マンションの価額を1億3,170万7,319円として課税価格に算入し、本件借入金8億円を相続債務として課税価格から控除して、当初申告を行った。（この事実については、当事者間に争いがない。）

２．本件課税処分の経緯

（１）　原告らの父である甲が昭和62年12月19日に死亡し、原告らは甲
　　　を相続した（以下、この相続を「本件相続」という。）。

（２）　原告らの本件相続に係る相続税の申告とこれに対する課税処分
　　　等の経緯は、以下のとおりである。

● 課税処分の経緯　　　　　　　　　　　　　　　　　　　　　（単位：千円）

項目	年月日	●田　太郎			●田　二郎		
		課税価格	相続税額	少)加算税	課税価格	相続税額	少)加算税
当初申告	63. 6.20	112,397	34,927	—	62,642	18,879	—
修正申告	63.12.27	132,621	46,924	—	83,118	28,982	—
賦課決定	元. 1.24	—	—	1,199	—	—	1,010
更正決定	元. 4.26	289,319	144,237	13,450	239,817	118,481	12,985
異議申立	元. 5.22	132,621	46,924	1,199	83,118	28,982	1,010
異議決定	元. 8.21	棄却			棄却		
審査請求	元. 9.20	132,621	46,924	1,199	83,118	28,982	1,010
審査裁決	2. 6.18	棄却			棄却		

項目	年月日	●内　春子			●田　三郎		
		課税価格	相続税額	少)加算税	課税価格	相続税額	少)加算税
当初申告	63. 6.20	69,391	21,711	—	61,345	18,879	—
修正申告	63.12.27	84,900	30,363	—	93,392	31,743	—
賦課決定	元. 1.24	—	—	865	—	—	1,286
更正決定	元. 4.26	241,598	123,632	13,336	250,091	128,783	14,255
異議申立	元. 5.22	84,900	30,363	865	93,392	31,743	1,286
異議決定	元. 8.21	棄却			棄却		
審査請求	元. 9.20	84,900	30,363	865	93,392	31,743	1,286
審査裁決	2. 6.18	棄却			棄却		

3．本件各更正及び本件各決定の根拠

（1）　本件各更正及び本件各決定では、原告らの相続税の課税価格は、本件相続により原告らが取得した財産の価額から控除すべき債務等の額を控除した額に基づき計算した額とされており、その明細は「課税価格等の計算明細表」のとおりである。

　　なお、この取得財産の価額及び債務等の額については、（2）の①の本件マンションの課税価格の点を除いては、当事者間に争いがなく、また、本件マンションについても、その取得の経緯及び購入価額自体は、当事者間に争いがない。

- ●田　太郎　　2億8,931万9,000円
- ●田　二郎　　2億3,981万7,000円
- ●内　春子　　2億4,159万8,000円
- ●田　三郎　　2億5,009万1,000円

（2）　原告らが取得した財産の価額　18億5,663万7,079円

　　次の①ないし⑦は合計額である。

①　東京都○○区△△西3丁目22番地7所在のマンション△△西の居宅11戸（以下「本件マンション」という。）の価額

7億5,850万円

　　右金額は、本件相続の開始した昭和62年12月19日に先立つ同年10月9日、甲が本件マンションを不動産分譲業者から購入した際の購入価額である（相続人は、購入価額をもって本件マンションの相続税法22条所定の時価とすることを争っている。）。

②　土地（本件マンション敷地権を除くもの）の価額

8億9,650万1,503円

③　家屋（本件マンションを除くもの）の価額　1,357万2,800円

④　有価証券の価額

1億2,083万7,570円

⑤　現金及び預貯金の価額　　　　　　　　2,178万8,126円

⑥　家庭用財産の価額　　　　　　　　　　　　200万円

⑦　その他の財産の価額　　　　　　　　4,343万7,080円

⑧　控除すべき債務等の額　　　　　　8億3,581万1,169円

次のイ及びロの合計額である。

イ　債務の額　　　　　　　　　　8億2,397万1,203円

ロ　葬式費用の額　　　　　　　　　　1,183万9,966円

● 不動産（マンション11戸）の取得及び評価額

取得日	取得価額	借入金	相続税評価額	更正処分
昭和62年10月9日	75,850万円	80,000万円	13,170万円	75,850万円

なお、本件マンションは相続人によって昭和63年4月～7月に77,400万円で譲渡されている。

● 相続税の推移　　　　　　　　　　　　　　　（単位：万円）

	対策前	当初申告	更正処分
取得財産の価額	109,814	122,983	185,664
債務及び葬式費用	△7,731	△83,581	△83,581
課税価格	102,083	39,402	102,083
基礎控除額（4人）(※)	△3,600	△3,600	△3,600
相続税の総額	55,936	19,020	55,936

※　昭和62年の相続税の基礎控除額は、2,000万円＋400万円×4人＝3,600万円となります。

（出典：TAINS：Z188-6866をもとに作成）

国税不服審判所：裁決要旨

① 租税平等主義という観点からして、右通達に定められた評価方式が合理的なものである限り、これが形式的にすべての納税者に適用されることによって租税負担の実質的な公平をも実現することができるものと解されるから、特定の納税者あるいは特定の相続財産についてのみ右通達に定める方式以外の方法によってその評価を行うことは、たとえその方式による評価額がそれ自体としては相続税法22条の定める時価として許容できる範囲内のものであったとしても、納税者間の実質的負担の公平を欠くことになり、許されないものというべきである。

　しかし、他方、右通達に定められた評価方式によるべきであるとする趣旨が右のようなものであることからすれば、右の評価方式を画一的に適用するという形式的な平等を貫くことによって、かえって実質的な租税負担の公平を著しく害することが明らかな場合には、別の評価方式によることが許されるものと解すべきであり、このことは、右通達において、「通達の定めによって評価することが著しく不適当と認められる財産の価額は、国税庁長官の指示を受けて評価する。」と定められていることからも明らかなものというべきである。

② 被相続人が相続開始直前に借り入れた資金で不動産を購入し、相続開始直後に右不動産が相続人によってやはり当時の市場価格で他に売却され、その売却金によって右借入金が返済されているため、相続の前後を通じて事柄の実質をみると当該不動産がいわば一種の商品のような形で一時的に相続人及び被相続人の所有に帰属することとなったに過ぎないとも考えられるような場合についても、画一的に評価通達に基づいてその不動産の価額を評価すべきものとすると、他方で右のような取引の経過から客観的に明らかになっているその不動産の市場における現実の交換価格によってその価額を評価した場合に比べて相続税の課税価格に著しい差を生じ、実質的な租税負担の公平という観点からして看過し難い事態を招来することとなる場合があるものというべきであり、そのような場合には、前記の評価通達によらないことが相当と認められる特別の事情がある場合に該当する

ものとして、右相続不動産を右の市場における現実の交換価格によって評価することが許されるとするのが相当である。

③　借入金による不動産の取得が転売利益を図ることをも目的として行われたからといって、このことによって右不動産を評価通達によらず評価することが許される特別の事情の存在が肯定されなくなるものとすべき根拠は乏しいものといわなければならない。のみならず、被相続人はかねてから相続税対策について関心を有していたところ、自己が病床にありしかも95歳という高齢にありながら、自らの発意で8億円もの資金を毎月の利息負担だけでも480万円になるという高利で借り入れて本件マンションを購入し、しかもこれを1か月当たりの利息返済額の半額にも満たない月額でR社に賃貸することをしたのであり、これらの事実からすれば、被相続人は、もともと本件マンションが相続開始後間もなく他に売却されることを予定して、評価通達による不動産評価額が実勢価格よりも低廉であることを利用することによって購入資金用の本件借入金と本件マンションの評価価額との差額分について課税価格を圧縮し相続税の負担の回避を図るため、本件マンションの購入を行ったものであることが優に推認できるものというべきである。

　以上のことから、本件マンションの価額をその購入価額によって7億5,850万円と評価した被告の判断は、適法なものと考えられることとなる。

東京地裁：判決要旨

　被相続人が相続開始直前に借り入れた資金で不動産を購入し、相続開始直後にその不動産が、相続人によってやはり当時の市場価格で他に売却され、その売却金によって借入金が返済されているため、相続の前後を通じて、事柄の実質を見ると、その不動産がいわば一種の商品のような形で一時的に相続人及び被相続人の所有に帰属することとなったに過ぎないとも考えられるような場合についても、画一的に評価通達に基づいてその不動産の価額を評価すべきものとすると、他方で、そのような取引の経過から客観的に明らかになっているその不動産の市場における現実の交換価格によってその価額を

評価した場合に比べて、相続税の課税価格に著しい差を生じ、実質的な租税負担の公平という観点からして、看過し難い事態を招来することとなる場合があるものと言うべきであり、そのような場合には、評価通達によらないことが相当と認められる特別の事情がある場合に該当するものとして、その相続不動産を市場における現実の交換価格によって評価することが許されるとするのが相当である。

東京高裁：判決要旨

　本件相続財産であるマンションの購入は評価通達により評価した本件マンションの評価価額と購入のための借入金との差額を利用して相続税の負担の軽減を図ることを目的として行われたものであり、その相続財産としての価格の評価について評価通達によらないことが相当と認められるような特別の事情のある場合にあたるとして、控訴人（原告）らに対する過少申告加算税賦課決定取消請求を棄却した原審の判断を是認し、控訴人の請求を棄却した。

最高裁：判決要旨

　相続財産の評価に当たっては、特別の定めのある場合を除き、評価通達に定める方式によるのが原則であるが、評価通達によらないことが相当と認められるような特別の事情がある場合には、他の合理的な時価の評価方式によることが許されるものと解するのが相当であるとの原判決に所論の違法はない。

❸ 東京地裁判決（平成5年2月16日）控訴

東京地裁判決（平成5年2月16日）控訴
東京高裁判決（平成5年12月21日）棄却

事案の概要

1．被相続人　甲（昭和62年 2 月14日死亡：88歳）

　　　　　　　　甲は、昭和61年 8 月19日入院し 1 か月後に退院。

2．相続人　養子Ａ・養子Ｂ

3．取得不動産の明細（不動産の取得資金の大半は、銀行借入金によっている。）

（単位：万円）

取得物件 所在地	取得日	取得価額 ①	相続税 評価額②	評価割合 ②÷①
中野区中野	昭和61年 4 月25日	16,500	6,411	38.85%
横浜市緑区	昭和61年 7 月30日	70,000	15,874	22.67%
中野区丸山	昭和61年 8 月 2 日	51,000	10,502	20.59%
目黒区目黒本町	昭和61年 8 月18日	15,000	4,913	32.75%
横浜市栄区	昭和61年 8 月21日	30,590	14,540	47.53%
川越市新宿	昭和61年 8 月21日	22,870	12,616	55.16%
横浜市緑区	昭和61年 8 月21日	60,576	5,776	9.53%
川崎市宮前区	昭和61年 9 月 3 日	39,712	8,463	21.31%
大田区田園調布	昭和61年 9 月25日	278,012	48,298	17.37%
合　　計	－	584,260	127,398	21.80%

4．相続税の推移

（単位：万円）

	対策前	当初申告	更正処分
当初からの財産	553,214	553,214	553,214
取得した不動産	－	127,398	584,260
債務等	△526,161	△1,110,421	△1,110,421
課税価格	27,053	0	27,053
基礎控除額（ 2 人）	△2,800	△2,800	△2,800
相続税の総額	12,898	0	12,898

5．取得不動産の売却

　相続開始直後にその多くが売却され、その余の物件も逐次売却されて、現在、本件評価係争物件のうちなお所有しているのは、取得価額合計75,576万円の物件のみで、銀行からの借入金も、相続開始直後から、逐次そのほとんどが完済されている。

6．更正処分

　相続人は、相続税評価額（財産評価基本通達による評価額）によって相続税の申告を行い、課税庁は、相続開始直前に取得した不動産の相続税評価額は、取得価額によるものとして更正処分をし、東京地裁もその処分を容認した。

東京地裁：判決要旨

　経済的合理性なくして、相続人によって相続開始直前に借り入れた資金で不動産を購入するという行為が行われた場合についても、画一的に評価基本通達に基づいてその不動産の価額を評価すべきものとすると、購入行為をしなかった場合に比べて相続税の課税価格に著しい差を生じ、当該不動産以外に多額の財産を保有している被相続人の場合には、結果としてその他の相続財産の課税価格が大幅に圧縮されることになる。このような事態は、他に多額の財産を保有していないため、このような方法によって相続税負担の軽減という効果を享受する余地のない他の納税者との間での実質的な租税負担の公平を著しく害し、富の再分配機能を通じて経済的平等を実現するという相続税の目的に反するものである。したがって、本件評価係争物件については、その相続財産としての評価を評価基本通達によらないことが相当と認められる前記の特別の事情がある場合に該当するものとして、相続不動産を市場における客観的な交換価格によって評価することが許されるものと解するのが相当である。

　・・・・（中略）・・・・

　評価基本通達に定められた評価方法以外の客観的な交換価格によって相続

財産の評価を行うことが、実質的な税負担の公平を図るという見地から正当として是認されることとなるのは、被相続人が敢えて銀行から資金を借り入れて債務を負担し、その借入金によって不動産を取得することにより、その債務を相続債務として計上し、結果としてその債務額を他の積極財産の価額から控除されるという利益を享受することとなる場合であることを要するものである。したがって、銀行からの借入金によって購入されたものではなく、他の不動産を売却して得た代金を資金として取得されたため、右のような方法による相続税の節減に何ら寄与しない物件については、その相続財産としての価額を右通達以外の客観的な交換価格によって評価することを正当化する理由はなく、その評価は、通常の場合と同様に、右通達に定める方法によって行われるべきものである。

　以上のことから、自己資金による不動産の取得の場合には、原則として総則6項適用のリスクはないものと考えられます。

東京高裁：判決要旨

　経済的合理性なくして相続開始直前に借り入れた資金で不動産を購入するという行為が行われた場合についても、画一的に評価基本通達に基づいてその不動産の価額を評価すべきものとすると、その購入行為をしなかった場合に比べて相続税の課税価格に著しい差を生じ、その不動産以外に多額の財産を保有している被相続人の場合には、結果としてその他の相続財産の課税価格が大幅に圧縮されることになるのであって、このような事態は、他に多額の財産を保有していないため、そのような方法によって相続税負担の軽減という効果を享受する余地のない他の納税者との間での実質的な租税負担の公平を著しく害し、富の再分配機能を通じて経済的平等を実現するという相続税の目的に反するものであるから、本件評価係争物件については、その相続財産としての評価を評価基本通達によらないことが相当と認められる特別の事情がある場合に該当するものとして、相続財産を市場における客観的な交換価格によって評価することが許されるものと解するのが相当である。

また、課税庁が一部の評価係争物件の評価を取得価額によって行うべきことを新たに主張したことに対して、本件のような課税処分の取消訴訟においては、専ら被告のした課税処分の客観的な適否がその審判の対象となるのであり、右の課税処分において認定された課税標準及び税額がその総額において租税実体法規に定められたところを上回っていなければ、その処分は適法とされることになり、したがって、被告課税庁は、原処分時や異議決定時の処分理由に拘束されることなく、当該課税処分の客観的な課税根拠について訴訟の段階で随時新たな主張を行うことができるものと解するのが相当である。

❹ 国税不服審判所裁決（平成22年 9 月27日）

事案の概要

　請求人らが、贈与により取得した不動産の価額は不動産鑑定士による鑑定評価額が相当であるとして行った贈与税の申告について、原処分庁が、財産評価基本通達に基づく評価額が相当であるとして、贈与税の各更正処分及び過少申告加算税の各賦課決定処分を行ったのに対し、請求人らが当該不動産の価額の評価については評価基本通達により難い特別の事情が存するとして当該各処分の全部の取消しを求めた事例。

1．**相続開始時の時価**（課税庁）54,658,445円
2．**相続開始時の時価**（審判所）39,748,953円
3．**評価通達の価額**　　　　　43,810,958円
4．**売却価額**　　　　　　　　38,000,000円
5．**申告価額**（時点修正後）　38,957,441円
6．**審判所の価額**（時点修正後）39,748,953円

国税不服審判所：裁決要旨

① 　請求人らの売申込により売却したことが売却価額を下落させた事情とは認められない。

② 　売買契約の時点が相続開始日より6か月経過していたことについては時点修正により補正することにより相続開始日の時価を算定することが可能である。

③ 　本件マンションの売却価額は売却時における本件マンションの適正な時価を反映していると認められることから、あえて他の売買実例と比較する必然性は低く、他の売買実例と比較されていないことをもって、これが適正な時価でないということもできないと認められ、これらの主張については相当とはいえず、他に本件マンションの売買価額が適正な時価ではないとする理由も見当たらない。

以上のように課税庁の主張を退けて処分を取り消し、審判所による時点修正を加えて裁決をした。

● 　時点修正の基となる不動産の価格の変動率

① 　納税者

　国土交通省地価調査課が平成20年11月に発表した「主要都市の高度利用地地価動向報告」（地価調査課レポート）を基に、相続開始日から本件売買契約までの地価変動率を3％の下落として、本件マンションの価額を求めている。

② 　審判所

　国土交通省土地・水資源局が平成21年3月24日付で発表した新宿区の住宅地における「東京圏の市区の対前年変動率」に基づき求めた変動率マイナス4.4％（1年間の変動率マイナス8.8％×6か月／12か月）を採用する方法が相当であると認められる。

事案の概要

1．被相続人 甲（平成19年9月？日死亡）。

2．タワーマンション取得と譲渡

マンション契約時、甲は入院中。

取得年月日	取得価額	取得原資	相続税評価額	相続人の譲渡日	譲渡価額
平成19年8月24日	29,300万円	甲の普通預金	5,801万円	平成20年7月24日	28,500万円

3．更正処分

　相続人は、相続税評価額によって相続税の申告書を提出したが、課税庁は取得価額によって更正処分を行い、審判所も課税庁の処分を支持した。

裁決要旨

　相続税の課税価格を圧縮し相続税の負担を回避するために、自己の行為の結果を認識するに足る能力を欠いていた被相続人の名義を無断で使用し、本件売買契約に及んだものであるような場合に、評価基本通達に基づき本件マンションを評価することは、相続開始日前後の短期間に一時的に財産の所有形態がマンションであるにすぎない財産について実際の価値とは大きく乖離して過少に財産を評価することとなり、納税者間の実質的な租税負担の平等を害することとなるから、このような事情は、評価基本通達によらないことが正当として是認されるような特別の事情に該当するというべきである。

　本件マンションは評価基本通達の定めによらず、他の合理的な方法による評価が許されるものと解するのが相当である。そうすると、①被相続人の本件マンション取得時（平成19年8月）と相続開始時が近接していること、②

被相続人の本件マンションの取得時の金額が293,000,000円であること、③請求人から本件マンションを取得したＢが売却を依頼した時点（平成20年7月及び同年8月）の媒介価額は、315,000,000円であること、④本件マンションの近傍におけるＣの基準地の価格は、相続開始日の前後においてほぼ横ばいであること等を参酌すると、相続開始時における本件マンションの時価は、取得価額とほぼ同等と考えられるから、本件マンションは293,000,000円と評価するのが相当である。

　なお、被相続人が相続人に対し、本件マンションの購入に関する委任をした事実は認められず、本件委任状が作成されているとしても、本件被相続人は意思無能力者であったから、当該委任契約は無効であるとして課税庁が重加算税を賦課したことについて、審判所は、「被相続人は意思無能力者であったから、当該委任契約は無効である。そうすると、請求人が被相続人の代理人として行った本件売買契約は無権代理行為となる。しかしながら、請求人は、被相続人の唯一の相続人であるところ、無権代理人である請求人は、本人である被相続人の資格において無権代理行為の追認拒絶権を行使することは信義則上認められないから、無権代理行為は当然有効となり、本人である被相続人が自ら本件売買契約をしたのと同様の法律上の地位を生じることとなる。相続税の申告において、相続人の納付すべき税額が過少となったのは、本件マンションの評価基本通達に基づく評価額とその実勢価額に開差があることにより生じたものであり、相続人の上記行為によって直ちに生じたものではない。

　したがって、上記相続人の行為をもって課税標準等又は税額等の計算の基礎となるべき事実を隠ぺい又は仮装したとまで評価することはできず、相続人に対する重加算税賦課決定処分は、違法であるといわざるを得ない。」として取消しをしています。

　争いになると課税庁は、処分理由の変更を行うことも当然にあり得

ます。これについては、「原処分庁が、異議決定において、原処分時には主張していなかった新たな理由を主張したとしても、このような理由の追加又は差替えは違法とはならない。」としています。

国税不服審判所裁決（平成23年7月1日）

イ　課税処分の取消請求において、審判の対象は、もっぱら原処分庁の行った課税処分の客観的な適否であり、当該課税処分において認定された課税標準及び税額がその総額において租税実体法規に定められたところを上回っていなければ、その処分は適法とされることとなる。

　　したがって、原処分庁は、原処分時や異議決定時の処分理由に拘束されることなく、当該課税処分の客観的な課税根拠について異議申立て又は審査請求の段階で随時新たな主張を行うことができるものと解するのが相当である。

ロ　以上から、原処分庁が、異議決定において、原処分時には主張していなかった新たな理由を主張したとしても、このような理由の追加又は差替えは違法とはならない。

---

❻　東京高裁判決（平成27年12月17日）上告

国税不服審判所裁決（平成22年10月13日）
東京地裁判決（平成25年12月13日）控訴
東京高裁判決（平成27年12月17日）上告
最高裁決定（平成29年3月2日）棄却、不受理

事案の概要

　贈与により不動産（マンションの住戸及びその敷地の持分等）を取得した原告らが、不動産鑑定士の鑑定評価による当該不動産の価額を基礎として課税価格を計算し贈与税の申告をしたところ、渋谷税務署長等から、当該不動産の価額は財産評価基本通達に定められた評価方

式により評価したものとすべきであるとして、各更正処分及び各賦課決定処分を受けたため、各更正処分のうち原告らの申告に係る課税価格及び納付すべき税額を超える部分並びに各賦課決定処分の取消しを求めた事案において、請求をいずれも棄却した事例。

1．マンションの贈与日　平成19年6月30日、7月21日
2．贈与税の申告

　贈与を受けたマンションの価額について不動産鑑定士の鑑定評価によって評価し、贈与税について期限内申告を行った。

受贈者	鑑定評価額	評価通達による価額
P1	2,300万円	72,062,340円
P2	3,150万円	64,881,106円
P3	3,150万円	64,881,006円

3．更正処分

　課税庁は評価通達による価額によって更正処分を行った。

国税不服審判所：裁決要旨

● 　特別な事情等の検討
① 　マンションの価額をその共有者の持分に応じてあん分して共有持分の価額を評価するという評価基本通達の定めによって本件各不動産を評価した場合に、適正な時価が求められず、著しく課税の公平を欠くことが明らかであるとはいえない。
② 　評価基本通達に定める評価方法を画一的に適用したのでは、適正な時価が求められず、著しく課税の公平を欠くことが明らかな場合に当たるとはいえない。
③ 　鑑定評価額が本件各不動産の客観的な交換価値を表すものとは認められず、請求人らの主張には理由がない。

上記①から③までのとおり、本件各不動産の評価に当たり、評価基本通達の定めにより難い特別な事情は認められず、また、本件各鑑定評価額が本件各不動産の客観的な交換価値を表すものとは認められないから、原処分庁が評価した価額をもって本件各不動産の時価と認めることが相当である。

東京地裁：判決要旨

　本件各鑑定評価額が本件各贈与時における本件マンションの住戸及びその敷地（本件各不動産）の時価であると認めることには疑問があり、財産評価基本通達（評価通達）に定められた評価方式による本件各不動産の評価額が本件各贈与時における本件各不動産の時価を上回っているとは認められないから、本件各不動産について評価通達に定められた評価方式によっては適正な時価を適切に算定することのできない特段の事情があるということはできないため、本件各不動産の価額を評価通達に定められた評価方式によって評価することは、相続税法22条の規定の許容するところである。

東京高裁：判決要旨

　評価対象の不動産に適用される財産評価基本通達の定める評価方法が、適正な時価を算定する方法として一般的な合理性を有し、かつ、当該不動産の贈与税の課税価格がその評価方法に従って決定された場合、当該課税価格は、その評価方法によっては適正な時価を適切に算定することのできない特別の事情の存しない限り、贈与時における当該不動産の客観的な交換価値としての適正な時価を上回るものではないと推認される。

❼ 最高裁判決（令和4年4月19日）棄却

> 国税不服審判所裁決（平成29年5月23日）
> 東京地裁判決（令和元年8月27日）控訴
> 東京高裁判決（令和2年6月24日）上告
> 最高裁判決（令和4年4月19日）棄却

　この事案は、相続開始前の駆け込みで不動産を取得したものではな
く、一定の自己資金と銀行借入金で取得し、かつ、取得した不動産の
うち、甲不動産は譲渡していません。

事案の概要

1．被相続人　父（平成24年6月17日死亡：94歳）

2．相続人　母・長女・長男・二男・二男の子（平成20年8月19日養
　子縁組）

3．賃貸不動産の取得と評価額　　　　　　　　　　　（単位：万円）

	取得日	取得価額	借入金	相続税評価額：A		鑑定評価額：B		開差 （B/A）
				土地	建物	土地	建物	
甲不動産	平成21年 1月30日	83,700	銀行63,000	11,367	8,636	30,800	44,600	約3.8倍
乙不動産	平成21年 12月25日	55,000	銀行37,800 母　4,700	5,816	7,550	51,900		約3.9倍

4．取得した不動産の売却

　乙不動産（二男の子が相続）　平成25年3月7日　51,500万円

　なお、甲不動産については相続開始の3年5か月前に取得し、か
つ、相続開始後においても保有継続している。

5．相続対策の効果

（単位：万円）

	対策前[※1]	対策（賃貸不動産取得）後	更正処分（鑑定評価額）
純資産価額	69,787	100,156	188,581
債務等	△3,394	△99,706	△99,706
課税価格	66,393	[※2] 2,826	88,874
基礎控除額(5人)	△10,000	△10,000	△10,000
相続税の総額	15,238	0	24,049
過少申告加算税	—	—	4,296

※1　東京地裁判決の資料から、数値を推測して計算した。

※2　二男の子が相続した純資産価額がマイナス（△2,376万円）になることから、純資産価額が0円とされた。

6．賃貸不動産取得による相続対策のコスト（推定）

　M信託銀行主導による賃貸不動産取得に伴う相続対策のコストとして、以下のような費用が発生したと思われます。

① 抵当権設定・登録免許税　403万円

② 甲及び乙不動産取得の仲介手数料（3％＋消費税）　4,494万円

③ 所有権移転登録免許税（固定資産税評価額35,000万円と仮定）700万円

④ 甲及び乙不動産の不動産取得税　1,050万円

⑤ 乙不動産譲渡の仲介手数料（3％＋消費税）1,668万円

⑥ 乙不動産の譲渡損失（51,500万円で譲渡）3,500万円

⑦ 信託銀行（遺言執行報酬・遺言信託を依頼している場合）756万円

⑧ 過少申告加算税4,296万円（母は財産を取得していない）及び延滞税（4.3％）1,233万円（概算）

⑨ 合計（①～⑧）　18,100万円

　この対策が是認されたと仮定しても、①～⑥のコストの総額は

11,815万円で、甲不動産が取得価額で譲渡できた場合でも仲介手数料などを加算すると14,600万円ほどとなり、対策前の相続税の総額15,238万円の96%ものコストがかかる結果となります。

　この事例では、課税庁によって鑑定評価額により課税処分を受けたことで、過少申告加算税や延滞税及び弁護士費用の負担が生じました。この対策で利益を得たのは、不動産仲介会社、信託銀行及び弁護士などで、相続人は金銭的な負担だけでなく、精神的なダメージも大きなものであったと予想されます。

7．実務対応

　仮に甲不動産だけの取得であった場合に、父の相続で甲不動産は子が相続し、配偶者の税額軽減をフルに活用すれば納付税額はかなり少なくすることができたと思われます。また、父の相続税の税務調査を無事乗り切った後に、子が相続した甲不動産を、子と母との間で適正な時価による売買をして第二次相続に活かすこともできたのではないかと思われます。

国税不服審判所：裁決要旨

①　被相続人が高齢になり、遺産分割や相続税の負担を懸念し、銀行に相談。

②　銀行から借入金により不動産を取得した場合の相続税の試算及び相続財産の圧縮効果についての説明を受けていた。

③　本件各不動産の購入資金の借入れの目的が、相続税の負担の軽減を目的とした不動産購入の資金調達にあると認識していた。

④　被相続人が主宰する会社の事業承継のための方策の一環として養子縁組した時期と近接した時期に、本件各不動産を取得している。

　以上のことなどから、被相続人は、本件各不動産の取得により本来請求人らが負担すべき相続税を免れることを認識した上で、本件各不動産を取得したとみることが自然である。

東京地裁：判決要旨

　評価通達の定める評価方法を形式的に全ての納税者に係る全ての財産の価額の評価において用いるという形式的な平等を貫くと、本件各不動産の購入及び本件各借入れに相当する行為を行わなかった他の納税者との間で、かえって租税負担の実質的な公平を著しく害することが明らかというべきであり、評価通達の定める評価方法以外の評価方法によって評価することが許されるというべきである。

東京高裁：判決要旨

　評価対象の財産に適用される財産評価基本通達（評価通達）の定める評価方法が適正な時価を算定する方法として一般的な合理性を有する場合においては、評価通達の定める評価方法が形式的に全ての納税者に係る全ての財産の価額の評価において用いられることによって、基本的には、租税負担の実質的な公平を実現することができるものと解されるのであって、相続税法22条の規定もいわゆる租税法の基本原則の一つである租税平等主義を当然の前提としているものと考えられることに照らせば、特定の納税者あるいは特定の財産についてのみ、評価通達の定める評価方法以外の評価方法によってその価額を評価することは、原則として許されないものというべきであるが、他方、評価通達の定める評価方法によっては適正な時価を適切に算定することができないなど、評価通達の定める評価方法を形式的に全ての納税者に係る全ての財産の価額の評価において用いるという形式的な平等を貫くことによって、かえって租税負担の実質的な公平を著しく害することが明らかである特別の事情（評価通達6参照）がある場合には、他の合理的な方法によって評価することが許されるものと解すべきである。

最高裁：判決要旨

1．課税庁が、特定の者の相続財産についてのみ評価通達の定める方法により評価した価額を上回る価額によるものとすることは、たとえ当該価額が客観的な交換価値としての時価を上回らないとしても、合理的な理由がない限り、平等原則に違反するものとして違法となる。

2．相続税の課税価格に算入される財産の価額について、財産評価基本通達の定める方法による画一的な評価を行うことが実質的な租税負担の公平に反するというべき事情がある場合には、当該財産の価額を上記通達の定める方法により評価した価額を上回る価額によるものとすることは租税法上の一般原則としての平等原則に違反しない。

3．相続税の課税価格に算入される不動産の価額を財産評価基本通達の定める方法により評価した価額を上回る価額によるものとすることは、次の（1）、（2）など判示の事情の下においては、租税法上の一般原則としての平等原則に違反しない。

（1）　当該不動産は、被相続人が購入資金を借り入れた上で購入したものであるところ、上記の購入及び借入れが行われなければ被相続人の相続に係る課税価格の合計額は6億円を超えるものであったにもかかわらず、これが行われたことにより、当該不動産の価額を上記通達の定める方法により評価すると、課税価格の合計額は28,261,000円にとどまり、基礎控除の結果、相続税の総額が0円になる。

（2）　被相続人及び共同相続人であるＸらは、上記（1）の購入及び借入れが近い将来発生することが予想される被相続人からの相続においてＸらの相続税の負担を減じ又は免れさせるものであることを知り、かつ、これを期待して、あえて当該購入及び借入れを企画して実行した。

● 本事案の概要

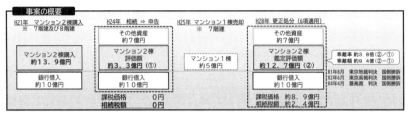

（出典：令和5年1月30日　マンションに係る財産評価基本通達に関する有職者会議資料）

この事案では、国税庁長官の指示に関する手続上の違法の有無も争われていて、以下のように判示されました。

> **東京地裁判決（令和元年8月27日）**
>
> 争点（評価通達6の定める国税庁長官の指示に関する手続上の違法の有無）について
>
> （原告らの主張）
>
> 　評価通達6は、その要件を「国税庁長官の指示を受けて評価する」と定めているが、処分行政庁は、国税庁長官の指示を待たず、本件指示の約1年前に不動産鑑定会社2社に鑑定評価を依頼し、本件各鑑定評価を得た。つまり、処分行政庁は、評価通達6の定める国税庁長官の指示の要件を充足することなく、評価通達の定める評価方法による評価を否定する評価を先行して行っていた。
>
> 　さらに、本件指示は、本件上申から約20日間という短期間で形式的に下されたものであり、再評価の「指示」ではなく、処分行政庁の評価の「追認」にすぎないものであった。
>
> 　したがって、本件各更正処分等には、評価通達6の定める要件を満たさなかった点で手続上の瑕疵がある。評価通達は行政先例法としての地位を築いているから、上記の瑕疵は重大な法的瑕疵といえる。

（被告の主張）

① そもそも、本件各不動産が評価通達6に規定する「この通達の定めによって評価することが著しく不適当と認められる財産」に当たるか否かについては、鑑定評価など評価通達の定める評価方法以外の方法により評価額を算定しなければ、これを判断することができず、本件においても、本件各通達評価額が適当であるか否かを確認するために、評価通達の定める評価方法以外の方法により客観的交換価値を調べる必要があったことから、その調査の一環として、本件上申の前に鑑定評価が行われたものである。

その後、札幌国税局長は、本件上申を行い、本件指示を受けたものであるから、本件各更正処分等について、評価通達6の定める国税庁長官の指示に係る手続上の瑕疵は存在せず、原告らの主張には理由がない。

② 仮に、評価通達6の定める国税庁長官の指示に係る手続に何らかの瑕疵があると評価されたとしても、評価通達6の定める国税庁長官の指示は、行政組織内部における指示、監督に関するものと解すべきであり、この規定に反することが直ちに国民の権利、利益に不利益を与えるものとはいえないから、その指示の有無によって本件各更正処分等の効力が影響を受けるものとは解されない。

したがって、原告らの主張は、この点においても理由がない。

（裁判所の判断）

原告らは、①処分行政庁が本件指示の約1年前に本件各鑑定評価を得たこと、②本件指示が、本件上申から約20日間で出されたものであり、処分行政庁の評価の「追認」にすぎないといえることから、本件各更正処分等には、評価通達6の定める要件を満たさなかった点で手続上の重大な法的瑕疵がある旨主張する。

しかし、評価通達は税務官庁内部における通達にすぎないから、評価通達6の定める「国税庁長官の指示を受けて評価する」旨の定めが、税務官庁内部における手続という性格を超えて対外的な効果を有し、その違反が、更正処分等の違法を招来するものとは解し難い。

したがって、本件指示に係る手続が評価通達 6 の定めるところに適合していたか否かについて判断するまでもなく、原告らの上記主張は失当である。

東京高裁判決（令和 2 年 6 月24日）

争点（評価通達 6 の定める国税庁長官の指示に関する手続上の違法の有無）について

（控訴人ら）

　評価通達 6 の適用に当たって「国税庁長官の指示を受けて評価する」として国税庁長官の指示を要件とした趣旨は、手続法上の平等取扱原則（憲法14条）を担保し、評価通達の恣意的な使い分けを防止するという憲法上の適正手続の保障にある。評価通達の例外規定である評価通達 6 を適用するに当たっては、納税者に対する十分な手続保障が不可欠であり、国税庁長官の指示は、憲法上の適正手続の保障の要請と位置付けなければならない。そのため、課税処分を行う行政庁に対しても厳格な手続要件の履践を強制し、事前に国税庁長官の指示を受けた場合に限り、評価通達 6 による課税が対外的にも効力を認められると解すべきである。

　しかるに、本件各更正処分において、処分行政庁は、国税庁長官の指示を待たず、その約 1 年前に不動産鑑定会社 2 社に本件各不動産の鑑定評価を依頼し、鑑定評価書を入手しており、評価通達が行政先例法としての地位を占めていることからすると、その違反は重大な法的瑕疵といえる。

（被控訴人）

　評価通達 6 の適用の有無は、鑑定等によって評価額を算定しなければ判断することができないのが当然であり、本件でも、本件各通達評価額が適当であるか否かを確認するために、国税庁長官への本件上申の前に鑑定評価が実施された。処分行政庁は、その後、国税庁長官への本件上申を行って、その指示（本件指示）を適切に受けているのであるから、本件各更正処分について、評価通達 6 の国税庁長官の指示に係る手続上の瑕疵が存在しないことは明らかである。

　また、評価通達6の「国税庁長官の指示」は行政組織内部における指示、監督に関するものと解すべきであり、この規定に反することが直ちに国民の権利、利益に不利益を与えるものとはいえないから、その指示の有無によって本件各更正処分の効力が影響を受けるものと解することはできない。

（裁判所の判断）

　控訴人らは、処分行政庁が、国税庁長官の指示を待たず、その約1年前に不動産鑑定会社2社に鑑定評価を依頼し、鑑定評価書を入手していることが、「国税庁長官の指示を受けて評価する」とした評価通達6に違反するものであって、これが手続上の重大な法的瑕疵に当たると主張するが、評価通達6の定める国税庁長官の指示の有無が本件各更正処分の効力に影響を与えるものではないことは、原判決の「事実及び理由」第3・2（原判決26頁9行目から19行目まで）で説示するとおりである。また、控訴人らは、評価通達6の「国税庁長官の指示を受けて評価する」という定めをもって、国税庁長官の指示を受けた後に鑑定等による評価を行うべきことを定めたものであることを前提として、本件各更正処分等における評価通達6の適用に係る手続が評価通達6の定めに違反すると主張するようであるが、評価通達6は、評価通達6に基づいて評価を行って課税処分をすることを国税庁長官の指示に係らしめたものであって、課税庁が国税庁長官の指示に先立って鑑定等を実施することを禁止したものとは解されない。したがって、控訴人らの主張は、評価通達6の解釈を誤るものであって、採用できない。

　上記判決以外にも、評価通達6の定める国税庁長官の指示に関する手続上の違法の有無について、以下のような判決もあります。

東京地裁判決（平成11年9月29日）

　原告らは、本件各処分は、財産を評価基本通達の定めによらないで時価で評価するためには国税庁長官の指示を受けるべきことを定める評価基本通達6に違反すると主張する。

しかしながら、評価基本通達6の定めは、その規定の仕方からして、国民と行政機関の関係について行政機関の権限の行使を制限する目的で定められた規定でなく、行政組織内部における機関相互の指示、監督に関して定めた規定であることは明らかであって、評価基本通達6に違反することから直ちに国民の権利、利益に影響が生じるものではないから、原告らの右主張は、自己の利害に直接関係のない主張というべきである。また、評価基本通達6に行政作用の統一、行政作用に関する国民の予測可能性の確保という目的があることを考慮しても、右の理が変わるものではない。

東京地裁判決（平成11年3月25日）

　原告らは、本件各処分は、財産を評価通達の定めによらないで時価で評価するためには国税庁長官の指示を受けるべきことを定める評価通達6に違反すると主張する。

　右の原告らの主張の趣旨が、評価通達6の規定に従わなかったこと自体をもって平等原則違反を主張するものであるとすれば、評価通達6の規定は、その規定の仕方からして、国民と行政機関の関係について平等原則の観点から行政機関の権限の行使を制限する目的で定められた規定でなく、行政組織内部における機関相互の指示、監督に関して定めた規定であることは明らかであって、評価通達6に違反することから直ちに国民の権利、利益に影響が生じるものではないから、原告らの右主張は、自己の利害に直接関係のない主張というべきである。また、評価通達6に行政作用の統一、行政作用に関する国民の予測可能性の確保という目的があることを考慮しても、右の理が変わるものではない。

Column コラム

判決に対する控訴と上告

　第一審裁判所の判決に不服のある当事者は、判決送達日から2週間以内に上級裁判所に対して控訴をすることができ、第二審（控訴審）裁判所の判決に不服のある当事者は、上告をすることができます。

　つまり、第一審の地方裁判所の判決に対しては、管轄を有する高等裁判所に対して控訴することができ、第二審の高等裁判所の判決に対しては、最高裁判所に上告することができます。

　控訴及び上告については、次の点が特徴として挙げられます。

　控訴については、原判決に不服がある当事者は、常に提起することができます。控訴審では、裁判所は第一審と同様の方法により、事実認定を行います。控訴審は、第一審裁判所の判決に対する当事者の不服の限度で、事実と法律の適用を再度審査します。口頭弁論の性格としては、第一審の審理がそのまま継続したものであり、第一審の審理で行われた手続は、控訴審でも効力を有します。第一審で提出された資料と、控訴審で新たに加えられた資料が、控訴審の判決の基礎となります。

　上告審は、法律問題に関する審理を行い、上告審の裁判所は、原則として原判決で認定された事実に拘束されます。上告審の裁判所が最高裁判所である場合には、原判決に、1．憲法解釈の誤りがあることと、2．法律に定められた重大な訴訟手続の違反事由があることが上告の理由となります。

　なお、最高裁判所においては、事件は通常5人の最高裁判所判事で構成される小法廷で審理されます。しかし、憲法問題を含むような事件（一定の例外もあり得る。）については、15人全員の最高裁判所判事で構成される大法廷で審理されます。

（出典：最高裁ホームページを一部修正）

❽ 東京高裁判決（令和 3 年 4 月27日）上告

> 東京地裁判決（令和 2 年11月12日）控訴
> 東京高裁判決（令和 3 年 4 月27日）上告
> 最高裁決定（令和 4 年 4 月19日）棄却、不受理

事案の概要

1. **被相続人**　甲（平成25年 9 月16日死亡：89歳）。甲は平成25年 6 月、肺がんにり患し、同年 8 月12日病院に入院した。

2. **相続人**　妻・長男・長女・二男・養子 3 人

3. **取得不動産の内容**（全額銀行借入金によって取得）

物件所在地	取得日	取得価額	相続税評価額	更正処分 （鑑定価額）
横浜市	平成25年 8 月20日	150,000万円	47,761万円	104,000万円

4. **更正処分**

　平成30年 5 月28日、鑑定評価額104,000万円で更正処分をした。

5. **相続税等の計算**　（単位：万円）

	対策前^{（※1）}	当初申告（推定）	更正処分
純資産価額	198,005	^{（※2）}253,475	287,104
債務	△85,070	△235,070	△235,070
生前贈与加算	1,965	1,965	1,965
課税価格	110,970	20,370	^{（※3）}57,258
基礎控除額（ 5 人）	△10,000	△10,000	△10,000
相続税の総額	33,935	1,436	12,040
過少申告加算税^{（※4）}	―	―	^{（※4）}1,258

※ 1　対策前の価額は、判決の数値を計上しているが、相続税の総額の計算に誤差（721

　万円）が生じている原因については不明。
※２　当初申告の金額については、判決の相続税の総額1,436万円を基に課税価格を求め、純資産価額を逆算して計算した。
※３　課税価格を除く金額については、判決の資料を基にした数値で、課税価格の計算の誤差（3,259万円）の原因については不明。
※４　判決の資料による過少申告加算税の金額で、配偶者は相続していない。

東京地裁：判決要旨

　処分行政庁が本件各更正処分を行ったのは、本件不動産につき評価通達の定めによって評価することが著しく不適当と認められるという理由によるものであって、本件被相続人及び原告らに相続税対策の意図があることを理由として不利益な処分を課したものではないから、原告らの主張は前提を欠くものである。そして、特別の事情は、評価通達に定める評価方法以外の評価方法によって本件不動産を評価するという形式的平等を貫くことが、かえって租税負担の実質的な公平を害するか否かという観点から判断されるべきものであるところ、本件被相続人及び原告Ａが、相続税の負担を減じさせることを認識し、かつ、期待して本件不動産を購入したという事実を上記判断において考慮することができないとする理由はないというべきである。

東京高裁：判決要旨

　相続税法22条は、特別の定めのあるものを除くほか、相続等により取得した財産の価額は当該財産の取得の時における時価によると定めているところ、この時価については当該財産の客観的交換価値をいうものと解され、課税要件は明確である。
　もっとも、課税実務は、相続財産の客観的交換価値を個別に評価する方法を採ると、その評価方式、基礎資料の選択の仕方等により異なった評価額が生じることがあり得るし、また、課税庁の事務負担が重くなって課税事務の迅速な処理に支障を来すおそれがあることなどから、あらかじめ定められた評価方法により画一的に財産の評価を行うことにより納税者間の公平、納税者の便宜、徴税費用の節減を図るために評価通達を定めたものである。

したがって、租税平等主義の観点に照らして、租税負担の実質的な公平を著しく害することが明らかな場合についてまで、評価通達の定めにより評価すべきものではないし、そのような場合について評価通達の定めによらないで個別に財産を評価したとしても租税法律主義に違反するということはできない。

　なお、控訴人らは、予測可能性を問題とするところ、亡Ａは、相続税を減少させる目的で本件不動産を相続開始時の直前に15億円で購入しているのであるから、評価通達の定めによる評価額と現実の取引価格との間に著しいかい離があることは十分認識していたというべきであり、現実の取引価格によって課税されることについて予測可能性がなかったということはできない。

　また、控訴人らは、評価通達の定めによる評価額と実際の取引価格との間にかい離がある例は多数存在するから、かい離の存在は本件通達評価額によらないことが相当と認められる特別の事情を基礎づける事実にはなり得ないと主張する。

　しかし、本件不動産の本件通達評価額は、本件鑑定評価額の２分の１にも達しておらず、金額にして５億円以上も少ないから、そのかい離の程度は著しいといわざるを得ない。

　また、本件不動産の購入及びそのための借入れは３億円を超える相続税の圧縮効果を生じさせるものであるところ、亡Ａがかかる相続税の圧縮を認識し、これを期待して15億円を借り入れ、本件不動産を購入したことは、租税負担の実質的な公平という観点から見た場合、本件通達評価額によらないことが相当と認められる特別の事情を基礎づける事実に当たるというべきである。

６．対策の検証

　この事案は、相続開始直前に、銀行の提案によって評価差額が３倍を超える物件を取得し、取得原資は全額銀行借入金によっていました。しかし、相続開始後もこの物件を所有し賃貸しているところがこれまでの事案と異なる点です。

仮に、当初申告の内容が是認されたとして、取得に伴う仲介手数料や取得コスト（登録免許税や不動産取得税）を無視しても、取得した不動産が鑑定評価額でしか売却できない場合には、46,000万円の損失となることなどから、相続税の軽減効果（31,780万円）をはるかに上回ることになり、節税重視型の相続税対策の失敗事例であると考えます。

❾ 国税不服審判所裁決（令和5年2月9日）

事案の概要

請求人が、相続により取得した不動産等（本件各不動産等）の価額について、財産評価基本通達（評価通達）に基づく評価額（本件各通達評価額）により相続税の申告をした後、実際の売却価格（本件各業者売却価格及び本件各個人売却価格）が当該不動産等の時価であるとして更正の請求をしたところ、原処分庁が、財産評価基本通達に定める評価方法によらないことが正当と是認されるような特別の事情はないとして、更正をすべき理由がない旨の通知処分をしたことから、請求人が当該通知処分の全部の取消しを求めた事案。

裁決の要旨

売却価格は、一括売却、転売という取引当事者の事情に基づく価格、純然たる第三者とは認め難い買主に対する価格であるから、客観的な交換価値（時価）であると認めることは困難であり、評価通達に定める評価方法によるべきではない特別の事情には当たらない。

---

❿ 不動産鑑定士による鑑定評価額に関する裁決例

　財産評価基本通達による価額が時価を上回ることから、財産評価通達等により難い特別な事情があるとして不動産鑑定士による鑑定評価額を求める場合に、「土地の価額を算定するに当たって、開発法による価格は、その計算過程に想定部分が多く合理性を欠くことも否定できないので、取引事例比較法に基づく標準画地の比準価格及び公示価格を規準とした価格を算定した上で、本件土地の価額を算定するのが相当と認められる」（平成13年３月５日裁決）とするものや、「取引事例及び公示地を基に、土地価格比準表に準じて地域要因及び個別的要因の格差補正を行って相続開始日における土地の時価を算定する」（平成14年７月22日裁決）ものなどがあり、以下のような裁決例に留意して鑑定評価額を求める必要があります。

(1) 平成16年12月３日裁決

　請求人は、相続により取得した土地及び建物の価額について、路線価は相続開始日現在までの地価下落が反映されておらず、実際の取引において路線価では売却できないこと、また、建物に居住するためには相当の修理費用が必要であること等から、財産評価基本通達によらず、不動産鑑定士による鑑定評価額により評価すべきであると主張する。

　しかしながら、本件土地の所在する地域の地価は平成14年１月１日から相続開始日までの間に20％を超える下落があったものとは認められないなど、本件土地及び建物の価額については、財産評価基本通達を適用して評価することが著しく不適当と認められる特別の事情は認められず、更に、請求人提出の不動産鑑定士による鑑定評価書の評価額は適正な時価であるとはいえないことから、財産評価基本通達の定

めに従って評価するのが相当である。

(2) 平成18年 3 月15日裁決

　本件各土地の時価について、請求人は、原処分庁評価額は、相続税法第22条に規定する時価を適正に反映しておらず、時価を超えており違法であるから請求人鑑定評価額である旨主張する。

　ところで、財産評価基本通達及び同通達に基づき国税局長が定めた財産評価基準（以下、これらを併せて「評価通達等」という。）による評価は、一般的に合理性を有するものと解され、評価通達等を適用して評価することが著しく不適当と認められる特別な事情が存する場合、すなわち、評価通達等により算定される土地の評価額が客観的交換価値を上回る場合には他の合理的な評価方法により時価を求めるべきものと解されている。この場合の評価通達等により算定される土地の評価額が客観的交換価値を上回っているといえるためには、これを下回る不動産鑑定評価が存在し、その鑑定評価が一応公正妥当な鑑定理論に従っているというのみでは足りず、同一の土地について他の不動産鑑定評価があればそれとの比較において、また、周辺における公示価格や都道府県地価調査による基準地の標準価格の状況、近隣における取引事例等の諸事情に照らして、評価通達等により算定された土地の評価額が客観的交換価値を上回ることが明らかであると認められることを要するものと解されている。

　これを本件についてみると、請求人鑑定評価額は、更地価格の算定に当たり、公示価格との規準による規準価格を採用せずに比準価格のみを採用し、規準価格との均衡を図っているとはいい難く相当ではないこと、また、請求人鑑定の個別格差補正等による減価に合理性は認められないこと等から、請求人鑑定評価額が時価であるとは認められない。

したがって、本件各土地について評価通達等により難い特別な事情は認められないから、本件各土地の評価額は、一般的に合理性を有するものと解されている評価通達等に基づき評価するのが相当である。

(3) 平成22年10月13日裁決

　請求人らは、贈与により取得したマンション住戸である本件各不動産について、建物の専有部分の床面積に対応するその敷地面積が広大であるから、本件各不動産の時価を財産評価基本通達の定めにより算定すると、売買の実態と乖離した高い評価額が算定されること及び本件各不動産は、住戸面積は狭く、建物等も老朽化していることなどの特別な事情があるから、本件各不動産の価額は鑑定評価額によるべきである旨主張する。

　しかしながら、①本件各不動産の敷地部分について、本件贈与者の有する共有持分が他の区分所有者が有する共有持分と質的に異なることもないのであるから、建物の専有部分の床面積に対応するその敷地の共有持分が広大であれば、それに連動して本件各不動産の価額も上昇又は下落することになること、②財産評価基本通達においては、土地の形状等に応じて、奥行距離に応じた奥行価格補正率を適用したりするなどして、土地の減価要素を考慮した評価方法が採られていること、及び③同通達は、家屋の評価については、固定資産税評価額に1.0の倍率を乗じて計算した金額によって評価する旨定めており、この固定資産税評価額は、請求人らが主張する事情については、それを織り込んで評価していることからすれば、同通達の定めにより本件各不動産を評価した場合に、適正な時価が求められず、著しく課税の公平を欠くことが明らかな場合に当たるとはいえない。他方、本件各不動産の評価に際しては、贈与の日において建替えの蓋然性が極めて高く、その場合には敷地の持分価額に見合う既存建物の2倍以上の面積

の建物を取得することが予定されていたことなどの事情を考慮して価
額を算定すべきところ、請求人らの主張する鑑定評価額は、これらの
事情が十分に考慮されておらず、不動産鑑定評価基準に定める予測の
原則に基づく分析検討が客観的かつ十分にされていないといわざるを
得ないから、本件各不動産の客観的な交換価値を表しているとは認め
られない。

　したがって、本件各不動産の評価に当たり、財産評価基本通達の定
めにより難い特別な事情は認められず、同通達の定めにより評価した
価額をもって本件各不動産の時価と認めることが相当である。

(4)　平成24年8月16日裁決

　請求人は、相続財産である本件土地の価額について、①遺言（本件
遺言）により換価による分割方法の指定及び遺言執行者の指定がされ
ており、請求人が売却に参加できないという事情があり、また、本件
土地の最有効使用が区画分譲地であって、購入者が不動産業者に限定
されるという実情があり、当該換価による価額（本件換価価額）は、
当該実情に合ったところで決定されたものであるから、相続税法第22
条《時価》に規定する時価であること及び②本件換価価額が時価であ
ることは、請求人の依頼に基づく不動産鑑定評価額（請求人鑑定額）
からも明らかであることから、本件土地の価額は本件換価価額とすべ
きである旨主張する。

　しかしながら、①相続税法第22条に規定する時価とは、「取得の
時」における「不特定多数の当事者間で自由な取引が行われる場合に
通常成立すると認められる価額」を示すものであるから、「特定の者
の間で限定的に行われた取引」における価額は、時価としての前提を
欠くものであり、また、本件相続開始日の後にされた本件遺言に基づ
く換価による分割などが本件土地の価額を減ずる要因となるものでも

ない。そして、②請求人鑑定額は、その算定過程に不合理な点が認められ、本件換価価額が時価であることを明らかにしたものであるとは認められない。さらに、③異議審理庁が財産評価基本通達に基づいて算出した価額は、当審判所が近隣の地価公示地の公示価格に基づいて算出した本件土地の時価を超えるものではない。したがって、本件土地の価額について、財産評価基本通達の定めによらないことが正当と認められる特別の事情はないから、本件相続税の課税価格に算入されるべき本件土地の価額は、同通達の定めによる価額を基礎とすべきである。

(5) 平成25年5月28日裁決

　原処分庁は、請求人らが相続により取得した土地（本件土地）の相続開始時（本件相続開始時）における価額は、財産評価基本通達（評価通達）による評価額（原処分庁通達評価額）によるべきである旨主張し、請求人らは、本件土地の時価を評価するに当たり評価通達の定めにより難い特別な事情があることから、請求人らが依頼した不動産鑑定士による鑑定評価額（請求人鑑定評価額）によるべきである旨主張する。

　しかしながら、本件の場合、請求人鑑定評価額は、開発法につき都市計画法第33条《開発許可基準》に関する審査基準（本件審査基準）を満たしていないなどの理由により、本件土地の本件相続開始時における時価とは認められないが、他方、本件土地の開発に際しては、袋路状道路の敷設は認められないなど特殊な制約が本件相続開始時にあったことから、当審判所において不動産鑑定士に鑑定評価を依頼し、その評価額（審判所鑑定評価額）を検討したところ、開発法につき本件審査基準を満たしているなどの理由により、本件相続開始時における時価として妥当なものと認められた。そして、評価通達に定め

られた評価方法により算定された価額が時価を上回る場合には、評価
通達の定めにより難い特別な事情がある場合に該当するといえ、その
場合には、他の合理的な評価方法により評価することが許されると解
されるところ、原処分庁通達評価額は審判所鑑定評価額を上回るもの
であることからすると、本件土地の価額を評価するに当たっては、評
価通達の定めにより難い特別な事情があると認められる。したがっ
て、本件土地の本件相続開始時における価額は、審判所鑑定評価額と
するのが相当である。

(6) 平成25年7月5日裁決

　請求人らは、請求人らの一人が相続により取得した土地（本件土
地）について、請求人らの依頼による鑑定評価額（本件鑑定評価額）
は、本件相続開始日における本件土地の時価であり、財産評価基本通
達（評価通達）による評価額は本件鑑定評価額を上回っているから、
評価通達の定めによらないことが正当と認められる特別の事情がある
ので、本件土地の価額は、本件鑑定評価額に基づき評価すべきである
旨主張する。

　しかしながら、本件鑑定評価額は、開発法による価格を重視し、比
準価格を比較考量して決定されているところ、①比準価格及び規準価
格の試算において考慮されている減価40％（当該宅地の画地規模が大
きいことに伴い市場参加者が限定されることによる減価）の必要性が
認められないこと、②開発法による価格は上記①の減価40％を除いて
試算した比準価格及び規準価格と大きく乖離することから、いずれの
試算価格も合理性が認められないので、本件鑑定評価額は、本件相続
開始日における本件土地の客観的交換価値を表しているとは認められ
ない。したがって、本件土地の価額について、評価通達の定めによら
ないことが正当と認められる特別の事情はないといえるので、本件土

地の価額は、評価通達に定められた評価方法により評価すべきである。

(7) 平成31年2月20日裁決

　請求人らは、相続により取得した家屋（本件家屋）及びその敷地（本件土地）について、本件家屋は、大改修を行っても収益性回復は困難で、機能的、経済的観点から市場性が全く認められないため、解体除去が必要であるとして本件家屋及び本件土地（併せて本件不動産）の最有効使用を判定した不動産鑑定士による鑑定評価書（本件鑑定評価書）には合理性があり、本件鑑定評価書に基づく価額が時価である旨、また、本件家屋の固定資産税評価額は一般常識からかけ離れた評価がされている旨主張する。

　しかしながら、本件家屋は、相続の開始時において、その一部が貸店舗や被相続人等の居宅として利用されていたことからすると、本件家屋には相応の経済価値があったと認められる。一方、本件鑑定評価書における最有効使用の判定に当たっては、不動産鑑定評価基準に定める現実の本件家屋の用途等を継続する場合の経済価値と本件家屋を解体除去した場合の解体除去費用等を適切に勘案した経済価値との十分な比較考量がされているとは認め難いことなどから、本件鑑定評価書に合理性があるとは認めるに足りず、本件土地の更地価格から本件家屋の解体除去費用を控除した本件鑑定評価書による価額が、本件不動産の時価を適正に評価したものであるとは認め難い。したがって、本件鑑定評価書に基づく請求人らの主張立証によって、財産評価基本通達の定めに従って評価した本件不動産の価額が時価であるとの事実上の推認を覆すには至らない。また、本件家屋の固定資産税評価額については、その価額を求めるに当たり、固定資産評価基準が定める評価の方法によっては再建築費を適切に算定することができない特別の

事情又は固定資産評価基準が定める減点補正を超える減価を要する特別の事情は認められないから、固定資産評価基準に従って決定した固定資産税評価額が適正な時価であると推認される。ところで、当審判所の調査によると、本件家屋の固定資産税評価額は相続開始日前に遡及して一部減額されており、その減額前の固定資産税評価額に依拠した相続税評価額によりなされた原処分は、その一部を取り消すこととなる。

相続対策への留意点

　相続税の節税対策で、評価差額の大きな不動産を取得した事例で納税者が敗訴した事案では、租税負担の実質的な公平を著しく害しているものについては、課税庁は厳正に対処しています。

　総則6項に関連する東京地裁の主な判決から共通する事実を一覧すると、以下のとおりです。

● 総則6項に関する主な東京地裁判決における各要素の比較

	平成4年3月11日判決	平成5年2月16日判決	令和元年8月27日判決		令和2年11月12日判決
			（甲不動産）	（乙不動産）	
不動産の取得時期	昭和62年10月9日	昭和61年4月～9月	平成21年1月30日	平成21年12月25日	平成25年8月20日
取得価額	75,850万円	584,260万円	83,700万円	55,000万円	150,000万円
相続開始日	昭和62年12月19日	昭和62年2月14日	平成24年6月17日		平成25年9月16日
取得時の被相続人の年齢	95歳	87歳	90歳		89歳
銀行借入の額	80,000万円	565,100万円	63,000万円	37,800万円	150,000万円
売却時期	昭和63年4月～7月	相続開始直後に大半売却	―	平成25年3月7日	―
売却金額	77,400万円	売却代金で借入金の大半を完済	―	51,500万円	―
評価通達による時価（①）	13,170万円	127,398万円	20,003万円	13,366万円	47,761万円
課税庁による更正時価（②）	75,850万円	584,260万円	75,400万円	51,900万円	104,000万円

課税庁による時価の算定	取得価額	取得価額	鑑定評価額		鑑定評価額
時価との乖離（①÷②）	62,680万円 (17.4%)	456,852万円 (21.8%)	55,397万円 (26.5%)	38,534万円 (25.8%)	56,239万円 (45.9%)
対策前の相続税額	55,936万円	12,898万円	15,238万円		33,935万円
対策後の相続税額	19,020万円	0	0		1,436万円
期待される相続税の軽減効果	△36,916万円	△12,898万円	△15,238万円		△32,499万円
更正処分による相続税額	55,936万円	12,898万円	24,049万円		12,040万円
結　審	平成5年10月28日：最高裁棄却	平成5年12月21日：東京高裁棄却	最高裁：令和4年4月19日棄却		最高裁：令和4年4月19日：棄却

（注）　上記の比較表の数値は、判決等で公表されている資料を基に筆者が作成し、数値が伏されている部分については、その他公表されている数値から推測して作成したもので、概要を確認することが可能な程度の精度であることに留意してください。

　上記の否認事例は、近い将来発生することが予想される被相続人からの相続において、相続税の負担は著しく軽減されることになり、それらの行為は他の納税者との間に看過し難い不均衡を生じさせ、実質的な租税負担の公平に反するものと思われます。

　マンションの評価方法に関する新通達後においても、マンション市場価格の大幅な下落その他見直し後の評価方法に反映されない事情が存することにより、当該評価方法に従って評価することが適当でないと認められる場合は、個別に課税時期における時価を鑑定評価その他合理的な方法により算定する旨を明確化する（他の財産の評価における財産評価基本通達6項に基づくこれまでの実務上の取扱いを適用。）としています。

そこで、タワーマンションに代表される不動産の「時価」と「相続税評価額」の開差を活用した相続税対策を検討する場合の留意事項を確認します。

❶ 更正処分を受けた事案に共通する前提条件

明らかに節税目的で取得したと思われる不動産の価額について、他の納税者との間での実質的な租税負担の公平を著しく害するとして、総則6項の規定によって否認された事例に共通する前提条件には、以下のような事由があります。

① 被相続人が高齢で、かつ、病気で入院等をしているなど相続開始が近いことが推測できる状況にある

② 取得日と相続開始日が近い（どの程度の期間遡るのかの検討が必要）

③ 相続開始後、比較的「短期間」で譲渡し、譲渡価額は取得価額と近似している

④ 不動産の取得に際し多額の借入金を利用している

⑤ 租税負担の実質的な公平を著しく害している

⑥ 明らかに節税目的と推測される

⑦ 利用する意思がみられない

⑧ 財産評価額（申告）と時価との開差が大きい

なお、課税庁は、多くの裁判例において、上記①ないし④に該当する事案については、評価通達の定める評価方法による評価額と、実際の取引価額との間に生じている開差を利用して、相続税の負担の軽減を図る目的で行われた行為を前提とするものであり、評価通達によらないことが許される特別の事情があるとして、総則6項の規定を適用しています。

❷ 争いを避けるための方策

　上記1の前提条件について、それぞれ検討することとします。

（1）取得日と相続開始日が近い

　東京地裁の令和元年8月27日判決の事案を除き、不動産の取得時期と相続開始までの期間が1年以内のものとなっています。

　どの程度の期間が空いていれば更正処分を受けることを回避できるかについて、「3年ルール」が暗黙的にあるといわれていました。

　しかし、令和元年8月27日の事案では、その期間が3年を超える場合でも更正処分を受けています。「3年ルール」の根拠は評価通達185かっこ書に求められます（下線は筆者による）。

（純資産価額）

185　179（（取引相場のない株式の評価の原則））の「1株当たりの純資産価額（相続税評価額によって計算した金額）」は、課税時期における各資産をこの通達に定めるところにより評価した価額（この場合、<u>評価会社が課税時期前3年以内に取得又は新築した土地及び土地の上に存する権利（以下「土地等」という。）並びに家屋及びその附属設備又は構築物（以下「家屋等」という。）の価額は、課税時期における通常の取引価額に相当する金額によって評価するものとし、当該土地等又は当該家屋等に係る帳簿価額が課税時期における通常の取引価額に相当すると認められる場合には、当該帳簿価額に相当する金額によって評価することができるものとする。以下同じ。</u>）の合計額から課税時期における各負債の金額の合計額及び186―2（（評価差額に対する法人税額等に相当する金額））により計算した評価差額に対する法人税額等に相当する金額を控除した金額を課税時期における発行済株式数で除して計算した金額とする。

この評価通達は、取引相場のない株式等の純資産価額を求める場合に、課税時期前3年以内に取得等した土地等や建物等については、「通常の取引価額」によって評価し、取得等して3年を超えた土地等や建物等については、「相続税評価額」によって評価することとされています。

　3年とされた経緯については、課税時期前3年以内の取得価額が「時価」に近似していること、制定時の節税策が銀行から借入れをして不動産を購入するという手法であり、当時の利息5〜10％を考慮すると、課税時期3年以上前に不動産を取得しても、節税策が成立しなくなるということの2点を考慮したものとされています。

　借入金利が超低金利の現在、3年ルールは安全ではないことを肝に銘じておかなければなりません。

(2) 相続開始後、比較的「短期間」で譲渡し、譲渡価額は取得価額と近似している

　被相続人による不動産の取得から、相続を経由して相続人がその不動産を譲渡するまでの期間が1年以内の事案では、課税庁によるその不動産の「時価」について、平成に判決が下された事案では「取得価額」によって更正処分をしています。一方、令和に判決が下された事案では、「鑑定評価額」によって更正処分をしています。

　課税庁が評価通達の定めによらずに「鑑定評価」等で更正することは許されるのかについて、令和元年8月27日の東京地裁判決の控訴審（東京高裁：令和2年6月24日判決）では、「原告（相続人等）は、相続税に係る財産評価は、相続財産の評価であり、将来収益を見込むフローの財産評価ではなく、相続開始時点の財産評価であり、土地について路線価を、建物については固定資産評価基準に基づく固定資産評価額を、採用することが合理的であると財産評価基本通達（評価通

達）が定めているのであって、本件鑑定評価額は評価における根本的な考え方が異なるので、両者を比較して開差が大きいとすること自体が不合理であると主張するが、相続税法22条に規定する時価、すなわち当該財産の客観的な交換価値は、不特定多数の当事者間で自由な取引が行われた場合に通常成立すると認められる価額をいうものと解されるところ、収益還元法を用いた本件各鑑定評価額もこの価額に相当し得るものであるから、その価額と本件各通達評価額を比較してその開差を考慮することが不合理なものであるなどとは認められない」と判示しています。

(3) 被相続人が高齢で不動産の取得に際し多額の借入金を利用している

　令和元年8月27日東京地裁の争いでは、課税庁は、「被相続人及び共同相続人による各不動産の取得及び当該取得に伴う資金借入れ等の一連の行為は、原告らが本来負担すべき相続税を免れるという結果をもたらすものであったところ、①被相続人が、当時90歳であった平成20年に、○○信託銀行に対して、当時代表取締役を務めていた△△興業の事業承継について事業経営財務診断を申し込んでいたこと、②本件被相続人による各不動産の購入及び購入資金の借入れには、相続税の負担軽減の目的があったことなどから、被相続人及び共同相続人による各不動産の取得及び当該取得に伴う資金借入れ等の一連の行為は、専ら相続対策を目的とするものであったと認められる。」と主張しています。

　また、東京地裁の否認事例では、不動産の取得資金の大半が銀行借入で行われていることも特徴です。

　なお、平成23年7月1日の裁決（86ページ）では、被相続人の自己資金で賃貸不動産を取得していますが、相続税の申告期限までに取得価格に近似する金額で譲渡していることなどから、取得価格によって

評価すべきとしています。

（4） 租税負担の実質的な公平を著しく害している

　取得した不動産を相続税評価額によって評価して求めた相続税額と、その不動産の取得価額又は鑑定評価額によって求められる相続税額とを比較して、対策後の相続税が極端に減少している事案では課税庁は更正処分を行っているようです。

（5） 明らかに節税目的と推測される

　不動産を相続開始直前に取得し、相続後にすぐに譲渡した場合には、相続の前後を通じて、その不動産がいわば一種の商品のような形で一時的に相続人及び被相続人の所有に帰属することとなったに過ぎないとも考えられ、評価通達によらないことが相当と認められる特別の事情がある場合に該当する（東京地裁：平成4年3月11日判決）と判断されることになります。

　不動産の取得に当たり、取得目的を明確にし、目的に従った利用をしておく（節税目的だけではないことを明確にしておく）ことが肝要です。

　なお、都心の地価の高い賃貸不動産を取得して、小規模宅地等の特例の適用によって更に大きな評価差額を生み出す手法については、平成30年度の税制改正によって、以下のように小規模宅地等の特例の適用について改正されています。

相続開始の直前において被相続人等の事業（不動産貸付業、駐車場業、自転車駐車場業及び準事業に限ります。以下「貸付事業」といいます。）の用に供されていた宅地等（その相続の開始前３年以内に新たに貸付事業の用に供された宅地等を除きます。）で、一定の要件を満たす場合には、小規模宅地等の特例を選択することによって200㎡までの部分について、50％減額することができます。

なお、相続開始前３年以内に新たに貸付事業の用に供された宅地等であっても、相続開始の日まで３年を超えて引き続き特定貸付事業（貸付事業のうち準事業以外のものをいいます。）を行っていた被相続人等のその特定貸付事業の用に供された宅地等については、３年以内貸付宅地等に該当しないこととされます。

（6）利用する意思がみられない

相続開始後すぐに譲渡する場合には、その不動産を利用する意思がみられないと判断される可能性が高いといわざるを得ません。

相続税の税務調査は、申告してから約１年経過後に実施されると思われることから、短くても税務調査が終了するまで利用し、かつ、保有し続けること、又は、申告期限後５年を経過するまでの間、保有し、かつ、利用し続けることが望ましいと考えられます。

また、不動産は保有しているだけでも、保有コストがかかるため、賃貸等に供して賃料収入を得ることも選択肢の一つと考えられます。

（7）財産評価額（申告）と時価との開差が著しく大きい

東京地裁の事案では、取得した不動産の時価（評価通達による時価）は、課税庁が認定した時価と比べて18％～46％となっています。

税務上で著しく低い価額の判定に用いられることが多い、時価の１/２未満を下回っている事例ばかりです。

しかし、課税庁が、特定の者の相続財産についてのみ評価通達の定める方法により評価した価額を上回る価額によるものとすることは、たとえ当該価額が客観的な交換価値としての時価を上回らないとしても、合理的な理由がない限り、平等原則に違反するものとして違法となる（最高裁：令和4年4月19日判決）としています。

著しく低い価額

　著しく低い価額とは、それぞれの税法等で以下のように定められています。

（1）相続税法

　相続税法 7 条の目的は租税回避を防止することであることから、一律に判断基準を定めることは困難です。判決等では、「著しく低い価額」の対価とは、経済的合理性がないことが明らかな場合をいい、財産の種類、性質、取引の実情等を勘案して、社会通念に従って判定されるべきと判示しています。

相続税法（贈与又は遺贈により取得したものとみなす場合）

第 7 条　著しく低い価額の対価で財産の譲渡を受けた場合においては、当該財産の譲渡があった時において、当該財産の譲渡を受けた者が、当該対価と当該譲渡があった時における当該財産の時価（当該財産の評価について第三章に特別の定めがある場合には、その規定により評価した価額）との差額に相当する金額を当該財産を譲渡した者から贈与（当該財産の譲渡が遺言によりなされた場合には、遺贈）により取得したものとみなす。

（2）東京地裁判決

①　平成17年10月12日

　取引相場のない株式の譲渡について、財産評価基本通達により算定した評価額（での譲渡）は、相続税法 7 条の「著しく低い価額の対価」には該当しないと判示しました。

②　平成19年 8 月23日（個人間における低額譲渡に対する贈与税の課税）

　「著しく低い価額」の対価とは、経済的合理性がないことが明らかな場合をいい、財産の種類、性質、取引の実情等を勘案して、社会通念に従って判定されるべきであり、相続税評価額と同水準の価額かそれ以上の価額を対価とした場合には原則として「著しく低い価額」とはいえないと判示しました。

　著しく低い価額の反対解釈として、単に「低い価額」での譲渡は課税しな

いとすべきで、税負担公平の観点から見逃せないほど時価とかい離した場合に限って課税されるとすべきと考えられます。

（3）消費税法及び所得税法

消費税法や所得税法における著しく低い価額については、以下のような規定が設けられています。

消費税法基本通達（著しく低い価額）

10-1-2　法第28条第１項ただし書《課税標準》に規定する「資産の価額に
　　　　比し著しく低いとき」とは、法人のその役員に対する資産の譲渡金額が、
　　　　当該譲渡の時における資産の価額に相当する金額のおおむね50％に相当す
　　　　る金額に満たない場合をいうものとする。

所得税法（贈与等の場合の譲渡所得等の特例）

第59条　次に掲げる事由により居住者の有する山林（事業所得の基因となる
　　　　ものを除く。）又は譲渡所得の基因となる資産の移転があった場合には、
　　　　その者の山林所得の金額、譲渡所得の金額又は雑所得の金額の計算につい
　　　　ては、その事由が生じた時に、その時における価額に相当する金額によ
　　　　り、これらの資産の譲渡があったものとみなす。
一　贈与（法人に対するものに限る。）又は相続（限定承認に係るものに限
　　る。）若しくは遺贈（法人に対するもの及び個人に対する包括遺贈のうち
　　限定承認に係るものに限る。）
二　著しく低い価額の対価として政令で定める額による譲渡（法人に対する
　　ものに限る。）
２　居住者が前項に規定する資産を個人に対し同項第二号に規定する対価の
　　額により譲渡した場合において、当該対価の額が当該資産の譲渡に係る山
　　林所得の金額、譲渡所得の金額又は雑所得の金額の計算上控除する必要経

費又は取得費及び譲渡に要した費用の額の合計額に満たないときは、その不足額は、その山林所得の金額、譲渡所得の金額又は雑所得の金額の計算上、なかったものとみなす。

所得税法施行令（時価による譲渡とみなす低額譲渡の範囲）

第169条　法第59条第一項第二号（贈与等の場合の譲渡所得等の特例）に規定する政令で定める額は、同項に規定する山林又は譲渡所得の基因となる資産の譲渡の時における価額の二分の一に満たない金額とする。

　この低額譲渡の規定の趣旨は、時価よりも低い価額（時価の1/2以上の価額）での譲渡では、その価額によって譲渡所得が計算されます。このことは、低額譲渡の段階では、課税を繰り延べるにとどまり、低額譲渡による影響（利害）は将来の所得税課税の中で解消されることになるからです。

　なお、有価証券やゴルフ会員権について、時価が著しく下落し、時価の回復可能性が見込めない場合には、減損処理することとされています。その場合、時価が著しく下落しているとは、原則として取得価額よりも「50％以上下落している場合」が該当します。

　以上のように、著しく低い価額によって不動産を取得し、相続税評価額と取得価額の開差を活用した相続対策において、「著しく不適当と認められる」場合とは、①評価通達による評価の合理性の欠如（著しい乖離）、②他の合理的な評価方法（取得価額や相続開始後の譲渡価額又は鑑定評価）の存在、③乖離が生じるに至った納税者の行為（被相続人の余命や取得資金の大半を借入れによっているなど）などの点を考慮して総合的に判断されることになります。

　節税重視型の相続対策は失敗する確率が高いと考えられるので、相続人の幸せ対策をベースとしたものでありたいものです。

第3章

新しい区分所有マンションの
評価方法

この章では、タワーマンションの各区分所有者が負担する固定資産税・都市計画税の計算方法と、新しい区分所有マンションの相続税の評価方法について、解説することとします。

I 平成29年度税制改正によるタワーマンションへの税制上の対応

　平成29年度の税制改正において、居住用超高層建築物（いわゆる「タワーマンション」）の各区分所有者が負担する固定資産税・都市計画税の計算方法が見直されました。

　居住用超高層建築物に係る課税の見直しの概要は、以下のとおりです。

　区分所有家屋のうち、高さが60mを超える建築物（建築基準法20条1項1号に規定する建築物）であって、複数の階に人の居住の用に供する専有部分を有するもの（居住用超高層建築物）に対して課する固定資産税については、当該居住用超高層建築物の専有部分に係る区分所有者は、当該居住用超高層建築物に係る固定資産税額を、次の専有部分の区分に応じ、それぞれの「専有部分の床面積」の、当該居住用超高層建築物の床面積の合計に対する割合により按分した額を納付する義務を負うこととされました（地法352②）。

（1）人の居住の用に供する専有部分については、「当該専有部分の床面積を全国における居住用超高層建築物の各階ごとの取引価格の動向を勘案して補正した当該専有部分の床面積」

（2）（1）以外の専有部分については、「当該専有部分の床面積」

　上記（1）における補正の具体的方法については、1階を100、40

階を110とし、Ｎ階については「100＋10/39×（Ｎ－1）」となるような「階層別専有床面積補正率」を用いた上で所要の補正を行うこととされました（地規15の3の2③）。

　また、階層別専有床面積補正率のみでは補足しきれない個別性が強いものについては、「天井の高さ、附帯設備の程度その他総務省令で定める事項（仕上部分の程度)」による、更なる補正をすることができることとされました（地規15の3の2④）。

　なお、上記にかかわらず、居住用超高層建築物の区分所有者全員による申出（階層別専有床面積補正率を用いないこととする申出を含みます。）があった場合には、当該申し出た割合により当該居住用超高層建築物に係る固定資産税額を按分することができることとされました（地規15の3の2⑤）。

　この改正内容は、平成29年1月2日以後に新築された居住用超高層建築物（同年4月1日前に最初の売買契約が締結された人の居住の用に供する専有部分を有するものを除きます。）に対して課する平成30年度以後の年度分の固定資産税について適用することとされています（地法改正法附則17⑤）。

　この改正は、固定資産税の税額計算の段階において、高層階になるほど税額が高くなるような補正率が設定されたに過ぎず、固定資産税評価額が引き上げられたものでもないことから、相続税評価額に影響するものではありません。

　また、「階層別専有床面積補正率」は、居住用超高層建築物に係る固定資産税額を各区分所有者にあん分する際に用いられるものであり、相続税評価額には影響しないものであるため、区分所有マンションの評価に係る通達との関係では問題がないものと考えられます。

【算式】

　各住戸の税額＝一棟全体の税額×（各住戸の専有床面積×階層別専有床面積補正率^(※)）÷専有床面積（補正後）の合計

※ 「階層別専有床面積補正率」：居住用超高層建築物の１階を100とした場合に、１階上がるごとに10/39（約0.256）を加えた数値

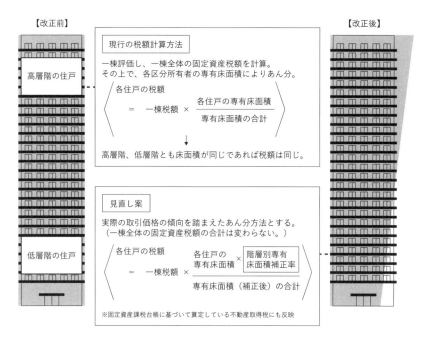

【改正前】

高層階の住戸

低層階の住戸

現行の税額計算方法

一棟評価し、一棟全体の固定資産税額を計算。
その上で、各区分所有者の専有床面積によりあん分。

　　各住戸の税額

　＝　一棟税額　×　各住戸の専有床面積 / 専有床面積の合計

高層階、低層階とも床面積が同じであれば税額は同じ。

見直し案

実際の取引価格の傾向を踏まえたあん分方法とする。
（一棟全体の固定資産税額の合計は変わらない。）

　　各住戸の税額

　＝　一棟税額　×　各住戸の専有床面積 × 階層別専有床面積補正率 / 専有床面積（補正後）の合計

※固定資産課税台帳に基づいて算定している不動産取得税にも反映

【改正後】

（出典：総務省資料）

（参考）あん分イメージ

階	階層別専有床面積補正率※	税額（円）		（B）－（A）（円）
		現行（A）	補正後（B）	
50	112.6	200,000	211,821	11,821
49	112.3	200,000	211,339	11,339
48	112.1	200,000	210,856	10,858
47	111.8	200,000	210,374	10,374
46	111.5	200,000	209,891	9,891
45	111.3	200,000	209,409	9,409
44	111.0	200,000	208,926	8,926
43	110.8	200,000	208,444	8,444
42	110.5	200,000	207,961	7,961
41	110.3	200,000	207,479	7,479
40	110	200,000	206,996	6,996
39	109.7	200,000	206,514	6,514
38	109.5	200,000	206,031	6,031
37	109.2	200,000	205,549	5,549
36	109.0	200,000	205,066	5,066
35	108.7	200,000	204,584	4,584
34	108.5	200,000	204,101	4,101
33	108.2	200,000	203,619	3,619
32	107.9	200,000	203,136	3,136
31	107.7	200,000	202,654	2,654
30	107.4	200,000	202,171	2,171
29	107.2	200,000	201,689	1,689
28	106.9	200,000	201,206	1,206
27	106.7	200,000	200,724	724
26	106.4	200,000	200,241	241
25	106.2	200,000	199,759	▲241
24	105.9	200,000	199,276	▲724

23	105.6	200,000	198,794	▲1,206
22	105.4	200,000	198,311	▲1,689
21	105.1	200,000	197,829	▲2,171
20	104.9	200,000	197,346	▲2,654
19	104.6	200,000	196,864	▲3,136
18	104.4	200,000	196,381	▲3,619
17	104.1	200,000	195,899	▲4,101
16	103.8	200,000	195,416	▲4,584
15	103.6	200,000	194,934	▲5,066
14	103.3	200,000	194,451	▲5,549
13	103.1	200,000	193,969	▲6,031
12	102.8	200,000	193,486	▲6,514
11	102.6	200,000	193,004	▲6,996
10	102.3	200,000	192,521	▲7,479
9	102.1	200,000	192,039	▲7,961
8	101.8	200,000	191,556	▲8,444
7	101.5	200,000	191,074	▲8,926
6	101.3	200,000	190,591	▲9,409
5	101.0	200,000	190,109	▲9,891
4	100.8	200,000	189,626	▲10,374
3	100.5	200,000	189,144	▲10,856
2	100.3	200,000	188,661	▲11,339
1	100	200,000	188,179	▲11,821
合計		10,000,000	10,000,000	0

※N階の階層別専有床面積補正率＝100＋10/39×（N−1）

（出典：自民党税制調査会資料）

II　新しいマンションの評価方法

　不動産の相続税評価額と市場価格とに大きな乖離がある事例について、財産評価基本通達6（この通達の定めにより難い場合の評価）の適用が争われた最高裁令和4年4月19日判決以降、当該乖離に対する批判の高まりや、取引の手控えによる市場への影響を懸念する向きも見られたことから、課税の公平を図りつつ、納税者の予見可能性を確保する観点からも、類似の取引事例が多い分譲マンションについては、いわゆるタワーマンションなどの一部のものに限らず、広く一般的に評価方法を見直す必要性が認められました^(※)。

※　令和5年度与党税制改正大綱（令和4年12月16日）において、「マンションについては、市場での売買価格と通達に基づく相続税評価額とが大きく乖離しているケースが見られる。現状を放置すれば、マンションの相続税評価額が個別に判断されることもあり、納税者の予見可能性を確保する必要もある。このため、相続税におけるマンションの評価方法については、相続税法の時価主義の下、市場価格との乖離の実態を踏まえ、適正化を検討する。」とされました。

　そこで、マンションの相続税評価について、市場価格との乖離の実態を踏まえた上で適正化を検討するため、令和5年1月に有識者会議が設置されました。第3回有識者会議（令和5年6月22日）で、見直し案の要旨について有識者からの意見を踏まえ、国税庁において通達案を作成し、7月21日に「居住用の区分所有財産の評価について」の意見公募手続を経て、「居住用の区分所有財産の評価について」の新たな評価方法が定められました。

(1) 令和5年1月30日意見要旨

① 価格乖離の問題は、タワーマンションだけではなくマンション全体にいえるのではないか。そうすると、時価主義の観点からは、見直しの範囲を一部のタワーマンションに限定すべきではない。

② 評価方法を見直した結果、評価額が時価を超えることとならないようにする配慮が必要。

③ 時価と相続税評価額との価格乖離の要因分析を行うに当たり、統計的手法による分析が有用ではないか。

④ 市場への影響にも配慮すべき（販売時において、マンションと一戸建ての選択におけるバイアスがかからないように、一戸建てとのバランスにも配慮し、急激な評価増にならないようにすべき。）。

⑤ 足元、マンション市場は新型コロナウィルス感染症の影響により建築資材の価格が高騰していることから、いわゆるコロナ前の時期における実態も把握する必要がある。

(2) 令和5年6月1日意見要旨

① マンション市場価格が急落した場合の対応を行う場合も、マンションだけを特別扱いする理由はなく、他の財産に係る従来からの取扱いと同様の対応を行う旨を明確にしていくべき。また、そうした対応は納税者に分かりやすいFAQ等の形で明示していくべき。

② 売買実例に基づき統計的手法を用いて評価していく場合には、流通性や価格形成要因等の点で分譲マンションとの類似性が認められるかに着目して、その具体的な適用対象の範囲・類型について定義していくべき。

③ 市場売買価格に基づき評価する場合でも、足元のマンション市場

は建築資材価格の高騰等による影響を排除しきれない現状にあり、そうした現状においては、コロナ禍以前の市場売買価格に基づき評価方法を定めることが妥当ではないか。

④　乖離の要因として考えられる数値を説明変数とした重回帰分析の結果に特段の問題点は認められないことから、この分析結果を用いて補正方法を検討していくべき。

　　ただし、時価と相続税評価額との乖離の程度はマンション市場の状況により変化するため、今回の評価方法見直し後においても、見直し方法のアップデートをしていく必要があるのではないか。

(3) 令和5年6月22日意見要旨

①　「時価」とは「客観的な交換価値」をいうものと解されている以上、財産の評価方法は互いに独立した当事者間で自由な取引が行われる市場で通常成立すると認められる売買実例価額によることが最も適当といえる。

　　分譲マンションは流通性・市場性が高く、類似する物件の売買実例価額を多数把握することが可能であり、かつ価格形成要因が比較的に明確であることからすれば、それら要因を指数化して売買実例価額に基づき統計的に予測した市場価格を考慮して評価額を補正する方式が妥当といえる。

②　マンションの価格形成要因として重要なものの一つに、ロケーション（立地条件）がある。敷地利用権（規模）が狭小だと、ロケーションが考慮されている路線価が相続税評価額に反映されにくくなる点に着目して、その狭小度を指数化した上で統計的手法により補正する方式は、ロケーションを評価額に反映させる方法として合理的といえる。

③　敷地利用権の評価に用いる路線価等は売買実例価額に基づいて評

定されてはいるものの、標準的な使用における更地の価格であり、高度利用されている高層マンションの敷地価格水準から乖離する場合があるため、分譲マンションの売買実例価額に基づいた補正は建物部分だけでなく、敷地部分についても行う必要がある。

④　評価額を補正する場合にも、理論的には土地と建物を分けてそれぞれについて補正する方法と、まとめて一体として補正する方法とがあり得るが、分譲マンションについては土地と建物の価格は一体で値決めされて取り引きされており、それぞれの売買実例価額を正確に把握することは困難であることや、重回帰式により算出される乖離率を土地と建物とに合理的に按分することも困難であることを考慮すると、土地と建物の双方を一体として捉えて補正することが合理的ではないか。

⑤　評価額と市場価格の乖離の要因としては4指数（築年数、総階数、所在階及び敷地持分狭小度）の他にもあり得るかもしれないが、申告納税制度の下で納税者の負担を考慮すると、納税者自身で容易に把握できる情報を使用する指数である必要がある。この点、これら4指数は定量的に捉えることができ、納税者自身が容易に把握可能なものであることに加え、特に影響度が大きい要因でもあることから、これら4指数により乖離を補正することが妥当ではないか。

⑥　納税者の申告上の利便性を考えると、国税庁ホームページ等において、4指数の基となる計数を入力すると補正率や評価額が自動計算されるツールが提供されるとよいのではないか。

⑦　分譲マンションの流通性・市場性の高さに鑑み、その価格形成要因に着目して、売買実例価額に基づく評価額の補正の仕組みを導入するのであれば、その対象となる不動産は流通性や価格形成要因の点で分譲マンションに類似するものに限定すべき。その点、二世帯

住宅や低層の集合住宅、事業用のテナント物件などは市場も異なり売買実例に乏しいことからすれば、対象外とすることが妥当ではないか。

　他方で、一棟全体について全戸を区分所有しているようなケースでは、一戸一戸を切り売りすることができる点で一戸単位で取引される分譲マンションと同様の高い流通性が認められるので、見直しの対象とすべきではないか。

⑧　一戸建てにおける乖離も考慮して、市場価格の60％を最低評価水準とすることは、分譲マンションと一戸建てとの選択におけるバイアスを排除しつつ、評価額の急激な引上げを回避する観点を考慮したものといえるのではないか。

⑨　コロナ禍等より前の時期として平成30年分の売買実例価額を用いることは、足元のマンション市場は、建築資材価格の高騰等による影響を排除しきれない現状にあることにも鑑みたものといえるのではないか。

⑩　今後のマンション市況の変化には適切に対応していく必要があるので、新しい評価方法が適用された後においても、重回帰式の数値等については定期的に実態調査を行い、適切に見直しを行うべきではないか。

相 続 税 評 価 額 と 市 場 価 格 の 乖 離 の 実 態

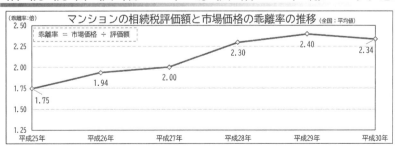

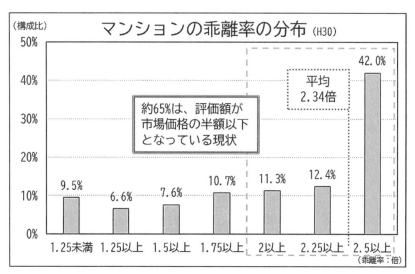

（構成比）
マンションの乖離率の分布 (H30)

約65%は、評価額が
市場価格の半額以下
となっている現状

平均
2.34倍

9.5%　6.6%　7.6%　10.7%　11.3%　12.4%　42.0%

1.25未満　1.25以上　1.5以上　1.75以上　2以上　2.25以上　2.5以上
（乖離率：倍）

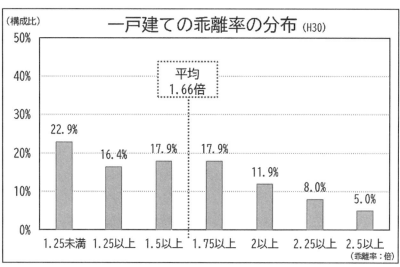

（構成比）
一戸建ての乖離率の分布 (H30)

平均
1.66倍

22.9%　16.4%　17.9%　17.9%　11.9%　8.0%　5.0%

1.25未満　1.25以上　1.5以上　1.75以上　2以上　2.25以上　2.5以上
（乖離率：倍）

評 価 方 法 の 見 直 し の イ メ ー ジ

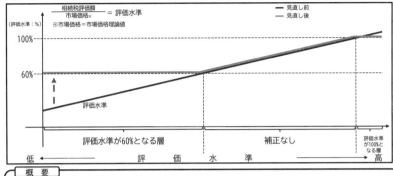

(出典：令和5年6月22日　マンションに係る財産評価基本通達に関する有職者会議資料)

❷ 評価額が市場価格と乖離する主な要因

（1）建物の評価額は、再建築価格をベースに算定されている。他方、市場価格はそれに加えて建物の総階数、マンション一室の所在階も考慮されているほか、評価額への築年数の反映が不十分だと、評価額が市場価格に比べて低くなるケースがある（建物の効用の反映が不十分）。

（2）マンション一室を所有するための敷地利用権は、共有持分で按分した面積に平米単価を乗じて評価されるが、この面積は一般的に高層マンションほどより細分化され狭小となるため、このように敷地持分が狭小なケースは立地条件の良好な場所でも、評価額が市場価格に比べて低くなる（立地条件の反映が不十分）。

❸ 乖離を是正するための評価方法の検討

(1) 標準戸から比準して評価する方法

　不動産鑑定に基づいて評定した標準戸（標準的なマンション）から比準して評価額を算出する方法。⇒ 不動産鑑定を実施することで規範性は有するものの、相当数の標準戸の選定が必要となる上、マンション価格には土地の地価公示・地価調査制度のような価格指標がなく全ての標準戸に鑑定が必要となるなどコストが大きい。また、同一地域内にも価格帯が多様なマンションの混在が想定される中、標準戸から個々のマンションに比準する基準の設定も難しい。

(2) 統計的手法を用いて評価する方法

　取引事例に基づき統計的手法（回帰分析）を用いて評価する方法として次の2つが考えられる。

① 　現行の相続税評価額を前提とせず、価格形成要因（説明変数）から直接的にマンションの市場価格を予測して評価する方法。⇒ 多数の取引事例から得られた傾向に基づく統計的手法を用いることで客観性・合理性を有するが、相続税評価額において既に考慮されている要素（例えば再建築費）も含め価格形成要因を広く考慮する必要があり納税者の負担となるほか、他の資産（例えば一戸建て）の評価方法と著しく異なる評価方法となりバランスを欠く。

② 　現行の相続税評価額を前提とした上で、市場価格との乖離要因（説明変数）から乖離率を予測し、その乖離率を現行の相続税評価額に乗じて評価する方法。⇒ 乖離要因を説明変数とすることから、相続税評価額と市場価格の乖離を補正する方法として直截的であり、乖離要因に基づき補正すれば足りるため執行可能性も高い。

　マンションは、より高層（より高い容積率）となるにつれ、同程度の専有面積のマンション一室でも、その一室に当たる敷地利用権の面積が狭くなる結果、路線価^{（※）}の水準に表されている立地条件が、評価額に反映されづらくなり、市場価格との乖離要因の一つとなっていると考えられます。

※　路線価は、各地域における容積率を考慮して評定されているものの、標準的な使用を前提としているため、高層マンション（高度利用）の敷地としての水準からは乖離していることになります。

敷 地 持 分 の 面 積 と 乖 離 の 関 係

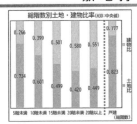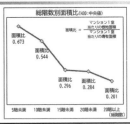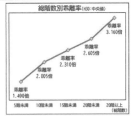

> ・　マンション一室当たりの敷地利用権の評価は、基本的には敷地の総面積を、その一室の専有面積に応じて按分した（細分化）面積に基づいて評価するため、専有面積に比べて敷地利用権の面積が狭いと、立地条件の優劣が当該マンション一室の評価に十分に反映されていない可能性がある。
> ・　一戸建てに比して、マンションは全体の評価額に占める敷地（土地）部分の評価額のウェイトが低く、その傾向は総階数がより高層となるにつれ顕著。
> ・　面積ベース（専有面積に対する敷地利用権の面積の割合）で見ると、さらにその傾向は顕著。
> ・　その一方、乖離率は高層となるにつれ増加。
> 　⇒　マンションは、より高層（より高い容積率）となるにつれ、同程度の専有面積のマンション一室でも、その一室に当たる敷地利用権の面積が狭くなる結果、路線価（※）の水準に表されている立地条件が、評価額に反映されづらくなり、市場価格との乖離要因の一つとなっていると考えられる。
> 　（※）　路線価は、各地域における容積率を考慮して評定されているものの、標準的な使用を前提としているため、高層マンション（高度利用）の敷地としての水準からは乖離していることになる。

（出典：令和5年6月1日　マンションに係る財産評価基本通達に関する有識者会議資料）

　相続税評価額が市場価格と乖離する要因として考えられる築年数、総階数（総階数指数）、所在階、敷地持分狭小度の4つの指数を用いた統計的手法による検証が行われました。この4つの指数については、以下の資料に基づき算出されました。

①　調査母集団は、平成30年中の全都道府県の中古マンションの取引。

②　不動産移転登記情報と、所得税の確定申告書のうちマンションの譲渡所得の申告があるもののデータを突合。

③　異常値として明確な約500件（桁誤り、マンション敷地面積とし

てあり得ない数値のもの、譲渡価額200万円以下のものなど）をあらかじめ除外したもの（2,478件）をサンプルとして使用。

また、この検証等を踏まえ、以下の方針が示されました。

- ・ 市場価格と財産評価基本通達による評価額との乖離について、統計的分析に基づいて必要な補正を行う方向で検討してはどうか。
- ・ 上記の補正に当たっては、補正の程度について一戸建てとのバランスについても考慮するのが妥当ではないか。
- ・ マンション評価の見直し後において、マンションの市場価格が急落した場合の対応については、他の財産におけるこれまでの取扱いも踏まえた検討が必要ではないか

そして、以下のような方法によってマンションを評価することとされました。

　相続税評価額が市場価格と乖離する要因となっている築年数、総階数（総階数指数）、所在階、敷地持分狭小度の4つの指数に基づいて、評価額を補正する方向で通達の整備を行う。

　具体的には、これら4指数に基づき統計的手法により乖離率を予測し、その結果、評価額が市場価格理論値の60％（一戸建ての評価の現状を踏まえたもの）に達しない場合は60％に達するまで評価額を補正する。

---

❹ 「居住用の区分所有財産の評価について」の法令解釈通達の概要

（1）基本的な考え方

　相続税又は贈与税は、原則として、相続若しくは遺贈により取得した全ての財産の価額の合計額をもって、又はその年中において贈与により取得した全ての財産の価額の合計額をもって課税価格を計算することとされており（相法11の2、21の2）、これらの財産の価額につ

いて、相続税法は、「この章で特別の定めのあるものを除くほか、相続、遺贈又は贈与により取得した財産の価額は、当該財産の取得の時における時価による」（時価主義）旨を規定しています（相法22）。

そして、この「時価」とは、「課税時期において、それぞれの財産の現況に応じ、不特定多数の当事者間で自由な取引が行われる場合に通常成立すると認められる価額」（客観的な交換価値）をいい、その価額は、「この通達（評価通達）の定めによって評価した価額による」こととしています（評基通1）。評価通達により内部的な取扱いを統一し、これを公開することにより、課税の適正・公平を図るとともに、納税者の申告・納税の便にも供されています。

このように、評価の原則が時価主義をとり、客観的な交換価値を示す価額を求めようとしている以上、財産の評価は自由な取引が行われる市場で通常成立すると認められる売買実例価額によることが最も望ましいが、課税の対象となる財産は、必ずしも売買実例価額の把握が可能な財産に限られないことから、評価通達においては、実務上可能な方法で、しかもなるべく容易かつ的確に時価を算定するという観点から、財産の種類の異なるごとに、それぞれの財産の本質に応じた評価の方法を採用しています。

不動産の評価においても、このような考え方に基づき、土地については、近傍の土地の売買実例価額や標準地についての公示価格、不動産鑑定士等による鑑定評価額及び精通者意見価格等を基として評価する「路線価方式」や「倍率方式」によって評価することとしています。他方、家屋については、再建築価格を基準として評価される「固定資産税評価額」に倍率を乗じて評価することとしています（固定資産税評価額に乗ずる倍率は評価通達別表1で「1.0」と定めています。）。

家屋について、再建築価格を基準とする評価としているのは、売買実例価額は、個別的な事情による偏差があるほか、家屋の取引が一般

的に宅地とともに行われている現状からして、そのうち家屋の部分を分離することが困難である等の事情を踏まえたものです。

　しかしながら、居住用の区分所有財産（いわゆる分譲マンション）については、近年、不特定多数の当事者により市場において活発に売買が行われるとともに、従来に比して類似の分譲マンションの取引事例を多数把握することが容易になっています。

　また、相続税評価額と売買実例価額とが大きく乖離するケースもあり、平成30年中(※1)に取引された全国の分譲マンションの相続税評価額(※2)と売買実例価額との乖離について取引実態等を確認したところ、平均で2.34倍の乖離が把握され、かつ、約65％の事例で2倍以上乖離していることが把握されました。

　そのため、課税の公平を図りつつ、納税者の予見可能性を確保する観点からも、一部のものに限らず、広く居住用の区分所有財産を評価見直しの対象としています。

　この通達は、分譲マンションの流通性・市場性の高さに鑑み、その価格形成要因に着目して、売買実例価額に基づく評価方法を採用したものですから、見直しの対象となる不動産はその流通性・市場性や価格形成要因の点で分譲マンションに類似するものに限定し、居住用の区分所有財産（いわゆる分譲マンション）を対象としています。

※1　足元のマンション市場は、建築資材価格の高騰等による影響を排除しきれない現状にあり、そうした現状において、コロナ禍等より前の時期として平成 30年分の譲渡所得の申告により把握された取引事例に基づいています。

※2　ここでは、平成30年分の譲渡所得の申告により把握された取引事例に係る分譲マンションの相続税評価額に相当する額をいいます。具体的には、それぞれの分譲マンションに係る土地部分の固定資産税評価額に近傍の標準地の路線価と固定資産税評価額との差に応ずる倍率及び敷地権の割合を乗じた額と家屋部分の固定資産税評価額との合計額により計算しています。

(2) 居住用の区分所有財産の評価の新設

居住用の区分所有財産の評価が新設され、次に掲げるとおり評価することとされました。

① 一室の区分所有権等に係る敷地利用権の価額

一室の区分所有権等に係る敷地利用権の価額は、「自用地としての価額」に、一定の区分所有補正率を乗じて計算した価額を当該「自用地としての価額」とみなして評価する。

② 一室の区分所有権等に係る区分所有権の価額

一室の区分所有権等に係る区分所有権の価額は、「自用家屋としての価額」に、一定の区分所有補正率を乗じて計算した価額を当該「自用家屋としての価額」とみなして評価する。

(3) 適用時期

上記（2）については、令和6年1月1日以後に相続、遺贈又は贈与により取得した財産の評価に適用することとします。

（参考）上記（2）による居住用の区分所有財産の評価については、納税者が簡易に計算するためのツールが国税庁によって用意される予定です。

❺ 居住用の区分所有財産の評価について（法令解釈通達）

標題のことについては、昭和39年4月25日付直資56、直審（資）17「財産評価基本通達」（法令解釈通達）によるほか、下記のとおり定めたから、令和6年1月1日以後に相続、遺贈又は贈与により取得した財産の評価については、これにより取り扱われたい。

（趣旨）

　近年の区分所有財産の取引実態等を踏まえ、居住用の区分所有財産の評価方法を定めたものである。

記

（**用語の意義**）

1　この通達において、次に掲げる用語の意義は、それぞれ次に定めるところによる。

（1）評価基本通達

　昭和39年4月25日付直資56、直審（資）17「財産評価基本通達」（法令解釈通達）をいう。

（2）自用地としての価額

　評価基本通達25（（貸宅地の評価））⑴に定める「自用地としての価額」をいい、評価基本通達11（（評価の方式））から22―3（（大規模工場用地の路線価及び倍率））まで、24（（私道の用に供されている宅地の評価））、24―2（（土地区画整理事業施行中の宅地の評価））及び24―6（（セットバックを必要とする宅地の評価））から24―8（（文化財建造物である家屋の敷地の用に供されている宅地の評価））までの定めにより評価したその宅地の価額をいう。

（3）自用家屋としての価額

　評価基本通達89（（家屋の評価））、89―2（（文化財建造物である家屋の評価））又は92（（附属設備等の評価））の定めにより評価したその家屋の価額をいう。

（4）区分所有法

　建物の区分所有等に関する法律（昭和37年法律第69号）をいう。

（5）不動産登記法

　不動産登記法（平成16年法律第123号）をいう。

（6）不動産登記規則

　不動産登記規則（平成17年法務省令第18号）をいう。

（7）一棟の区分所有建物

　区分所有者（区分所有法第2条（（定義））第2項に規定する区分所有者をいう。以下同じ。）が存する家屋（地階を除く階数が2以下のもの及び居住

の用に供する専有部分（同条第3項に規定する専有部分をいう。以下同じ。）
一室の数が3以下であってその全てを当該区分所有者又はその親族の居住の
用に供するものを除く。）で、居住の用に供する専有部分のあるものをいう。

> 当該「一棟の区分所有建物」には、「地階を除く階数が2以下のもの」[注1]
> 及び「居住の用に供する専有部分一室の数が3以下であってその全てを当
> 該区分所有者又はその親族の居住の用に供するもの」[注2、3、4]を含まない
> こととしている。
>
> 　また、区分建物の登記をすることが可能な家屋であっても、課税時期に
> おいて区分建物の登記がされていないものは、本通達における「一棟の区
> 分所有建物」には該当しない。
> （注1）「地階」とは、「地下階」をいい、登記簿上の「地下」の記載により判断
> 　　　される。
> （注2）「専有部分一室の数が3以下」とは、一棟の家屋に存する（居住の用に
> 　　　供する）専有部分の数が3以下の場合（例えば、3階建てで各階が区分所
> 　　　有されている場合など）をいい、一の専有部分に存する部屋そのものの数
> 　　　をいうのではないから留意する。
> （注3）「区分所有者又はその親族の居住の用に供するもの」とは、区分所有者
> 　　　が、当該区分所有者又はその親族（以下「区分所有者等」という。）の居
> 　　　住の用に供する目的で所有しているものをいい、居住の用以外の用又は当
> 　　　該区分所有者等以外の者の利用を目的とすることが明らかな場合（これま
> 　　　で一度も区分所有者等の居住の用に供されていなかった場合（居住の用に
> 　　　供されていなかったことについて合理的な理由がある場合を除く。）など）
> 　　　を除き、これに該当するものとして差し支えない。
> （注4）「親族」とは、民法第725条（（親族の範囲））各号に掲げる者をいう。
> （出典：「居住用の区分所有財産の評価について」（法令解釈通達）の趣旨につい
> て（情報）別添資料、一部改変）

（8）一室の区分所有権等

　一棟の区分所有建物に存する居住の用に供する専有部分一室に係る区分所
有権（区分所有法第2条第1項に規定する区分所有権をいい、当該専有部分
に係る同条第4項に規定する共用部分の共有持分を含む。以下同じ。）及び
敷地利用権（同条第6項に規定する敷地利用権をいう。以下同じ。）をいう。
（注）　一室の区分所有権等には、評価基本通達第6章（（動産））第2節（（た
　　　な卸商品等））に定めるたな卸商品等に該当するものは含まない。

（9）一室の区分所有権等に係る敷地利用権の面積

次に掲げる場合の区分に応じ、それぞれ次に定める面積をいう。

イ　一棟の区分所有建物に係る敷地利用権が、不動産登記法第44条（（建物の表示に関する登記の登記事項））第1項第9号に規定する敷地権である場合

一室の区分所有権等が存する一棟の区分所有建物の敷地（区分所有法第2条第5項に規定する建物の敷地をいう。以下同じ。）の面積に、当該一室の区分所有権等に係る敷地権の割合を乗じた面積（小数点以下第3位を切り上げる。）

ロ　上記イ以外の場合

一室の区分所有権等が存する一棟の区分所有建物の敷地の面積に、当該一室の区分所有権等に係る敷地の共有持分の割合を乗じた面積（小数点以下第3位を切り上げる。）

（10）一室の区分所有権等に係る専有部分の面積

当該一室の区分所有権等に係る専有部分の不動産登記規則第115条（（建物の床面積））に規定する建物の床面積をいう。

当該建物の床面積は、「区分建物にあっては、壁その他の区画の内側線」で囲まれた部分の水平投影面積（いわゆる内法面積）によることとされており、登記簿上表示される床面積によることとなる。

したがって、共用部分の床面積は含まれないことから、固定資産税の課税における床面積とは異なることになる。

（出典：「居住用の区分所有財産の評価について」（法令解釈通達）の趣旨について（情報）別添資料、一部改変）

（11）評価乖離率

次の算式により求めた値をいう。

（算式）評価乖離率＝ A ＋ B ＋ C ＋ D ＋3.220

上記算式中の「A」、「B」、「C」及び「D」は、それぞれ次による。

「A」＝当該一棟の区分所有建物の築年数×△0.033

「B」＝当該一棟の区分所有建物の総階数指数×0.239（小数点以下第4位を切り捨てる。）

「C」＝当該一室の区分所有権等に係る専有部分の所在階×0.018

「D」＝当該一室の区分所有権等に係る敷地持分狭小度×△1.195（小数点
　　　　以下第4位を切り上げる。）

(注)　1　「築年数」は、当該一棟の区分所有建物の建築の時から課税時期
　　　　　までの期間とし、当該期間に1年未満の端数があるときは、その
　　　　　端数は1年とする。

　　　2　「総階数指数」は、当該一棟の区分所有建物の総階数を33で除し
　　　　　た値（小数点以下第4位を切り捨て、1を超える場合は1とす
　　　　　る。）とする。この場合において、総階数には地階を含まない。

　　　3　当該一室の区分所有権等に係る専有部分が当該一棟の区分所有
　　　　　建物の複数階にまたがる場合には、階数が低い方の階を「当該一
　　　　　室の区分所有権等に係る専有部分の所在階」とする。

　　「所在階」は、一室の区分所有権等に係る専有部分の所在階のこ
　とであり、当該専有部分が一棟の区分所有建物の複数階にまたが
　る場合（いわゆるメゾネットタイプの場合）には、階数が低い方の
　階を所在階とし、当該専有部分が地階である場合は、零階とする。
　　なお、一室の区分所有権等に係る専有部分が、1階と地階にま
　たがる場合についても、階数が低い方の階（地階）を所在階とす
　るから、算式中の「C」は零となることになる。
　（出典：「居住用の区分所有財産の評価について」（法令解釈通達）の趣
　旨について（情報）別添資料、一部改変）

　　　4　当該一室の区分所有権等に係る専有部分が地階である場合に
　　　　　は、「当該一室の区分所有権等に係る専有部分の所在階」は、零階
　　　　　とし、Cの値は零とする。

　　　5　「当該一室の区分所有権等に係る敷地持分狭小度」は、当該一室
　　　　　の区分所有権等に係る敷地利用権の面積を当該一室の区分所有権
　　　　　等に係る専有部分の面積で除した値（小数点以下第4位を切り上
　　　　　げる。）とする。

(12)　評価水準

　1を評価乖離率で除した値とする。

（一室の区分所有権等に係る敷地利用権の価額）

2　次に掲げる場合のいずれかに該当するときの一室の区分所有権等に係る敷地利用権の価額は、「自用地としての価額」に、次の算式による区分所有補正率を乗じて計算した価額を当該「自用地としての価額」とみなして評価基本通達（評価基本通達25並びに同項により評価する場合における評価基本通達27（（借地権の評価））及び27―2（（定期借地権等の評価））を除く。）を適用して計算した価額によって評価する。ただし、評価乖離率が零又は負数のものについては、評価しない。

（算式）

（1）評価水準が1を超える場合

　　　区分所有補正率＝評価乖離率

（2）評価水準が0.6未満の場合

　　　区分所有補正率＝評価乖離率×0.6

　　（注）1　区分所有者が次のいずれも単独で所有している場合には、「区分所有補正率」は1を下限とする。

　　　　　イ　一棟の区分所有建物に存する全ての専有部分

　　　　　ロ　一棟の区分所有建物の敷地

　　　　2　評価乖離率を求める算式及び上記（2）の値（0.6）については、適時見直しを行うものとする。

（一室の区分所有権等に係る区分所有権の価額）

3　一室の区分所有権等に係る区分所有権の価額は、「自用家屋としての価額」に、上記2に掲げる算式（（注）1を除く。）による区分所有補正率を乗じて計算した価額を当該「自用家屋としての価額」とみなして評価基本通達を適用して計算した価額によって評価する。ただし、評価乖離率が零又は負数のものについては、評価しない。

　　なお、取引相場のない株式を評価通達185（（純資産価額））により評価する場合においても、本通達が適用されることになる。

（出典：「居住用の区分所有財産の評価について」（法令解釈通達）の趣旨について（情報）別添資料、一部改変）

⑥ 評価の留意点

（1）居住の用に供するものに限る

　区分所有に係る財産の各部分（建物部分及び敷地利用権部分）で、構造上、居住の用途に供することができるものに限る、としていて、流通性等の異なる事業用のテナント物件や一棟所有の場合については対象としていませんが、評価通達の定めによって評価することが著しく不適当と認められる場合には、引き続き、評価通達6により評価することとなります。

（2）総階数

　建物の総階数が乖離率に与える影響は青天井ではなく、一定の階数で頭打ちになると仮定し分析を行ったところ、良好な結果が得られたことから、「総階数÷33（1を超える場合は1とする）」を総階数指数としました。総階数には、地階を含まないとしています。

（3）複数階にまたがる場合

　複数階にまたがる場合には、階数が低い方の階を「当該一室の区分所有権等に係る専有部分の所在階」とするとしました。このような事例は、メゾネットマンションなどが考えられます。

　メゾネットタイプのマンションとは、集合住宅における間取りの1つで、複数の階層を住戸内の階段によってつないだ物件です。ロフト付きの部屋とは異なり、上下の階がありますので、生活空間をきちんと分割することができます。

　メゾネットタイプのマンションは、建物の最上階とその下層階が1室となっている場合が多くあり、中古マンションをリフォームし、2室をつなげてメゾネット構造にしているケースもあります。

マンションの登記簿には、「一棟の建物の表示」と「専有部分の建物」という記載があります。この「専有部分の建物」には、所有の部屋の構造と床面積が登記されています。

例えば、25階建ての20階の50m²の部屋は以下のように登記されます。

```
構　造　　鉄筋鉄骨コンクリート造1階建て
床面積　　20階部分　　50.00平米
```

このように一棟の建物ではなくその部屋単位で見た結果が登記されています。

そのことから、メゾネットタイプ（室内に階段のある戸建て型の部屋）のマンションは、構造部分が「鉄筋鉄骨コンクリート造2階建て」と登記されます。

(4) 専有部分が地階である場合

「当該一室の区分所有権等に係る専有部分の所在階」は、零階とし、所在階の値は零とします。

(5) 区分所有者が単独ですべて所有している場合

区分所有者が次のいずれも単独で所有している場合には、「区分所有補正率」は1を下限とする。

①　一棟の区分所有建物に存する全ての専有部分

②　一棟の区分所有建物の敷地

以上のことから、父が単独で所有している区分所有建物（及び敷地利用権）の1室を子へ贈与した場合には、その区分所有マンションの相続税評価額は区分所有補正率を乗じて評価する必要が生じます。

(6) 評価乖離率を求める算式等については、適時見直しを行う

　固定資産税の評価の見直し時期に併せて、当該時期の直前における一戸建て及びマンション一室の取引事例の取引価格に基づいて見直すものとしています。また、当該時期以外の時期においても、マンションに係る不動産価格指数等に照らし見直しの要否を検討するものとするとしています。

(注)　固定資産税の評価の見直し
　　　固定資産税においては、土地・家屋について、3年に1回、「評価替え」を行い、価格の変化を反映しています。次回の評価替えは令和6年度になります。

(7) 新通達後においても総則6項の適用の可能性

　マンション市場価格の大幅な下落その他見直し後の評価方法に反映されない事情が存することにより、当該評価方法に従って評価することが適当でないと認められる場合は、個別に課税時期における時価を鑑定評価その他合理的な方法により算定する旨を明確化する（他の財産の評価における財産評価基本通達6項に基づくこれまでの実務上の取扱いを適用。）としています。

❼　評価乖離率を算定する際の端数処理

　評価乖離率を算定する際の端数処理をまとめると、以下のようになります。

(1) 築年数

　築年数は、当該一棟の区分所有建物の建築の時から課税時期までの期間とし、当該期間に1年未満の端数があるときは、その端数は1年とするとしています。

新築年月（①）	課税時期（②）	①－②	築年数の判定
昭和60年3月	令和6年2月	38年11か月	39年
平成5年4月	令和6年5月	31年1か月	32年

（2）敷地面積

　一棟の区分所有建物の敷地の面積に、一室の区分所有権等に係る敷地権割合を乗じた面積（小数点以下第3位切上げ）としています。

　不動産登記規則100条（地積）によると、「地積は、水平投影面積により、平方メートルを単位として定め、一平方メートルの百分の一（宅地及び鉱泉地以外の土地で十平方メートルを超えるものについては、一平方メートル）未満の端数は、切り捨てる。」としています。そのため、宅地については、小数点第2位まで表示することになります。

（3）総階数指数

　総階数指数について、高さ100ｍ（1階を3ｍとした場合、約33階）を超える建築物には、緊急離着陸場等の設置指導等がなされることがありますが、それを超えて高くなることによる追加的な規制は一般的にはないほか、評価乖離率に与える影響が一定の階数で頭打ちになると仮定して分析したところ、良好な結果が得られたことから、33階が基準とされました。

　総階数指数は、当該一棟の区分所有建物の総階数を33で除した値（小数点以下第4位を切捨て、1を超える場合は1とする。）とし、総階数指数×0.239については、小数点以下第4位を切り捨てることとしています。

総階数（①）	総階数指数（①÷33）（②）	②×0.239
3 階	0.090	0.021
10階	0.303	0.072
30階	0.909	0.217
35階	1.000	0.239

（4）敷地持分狭小度

　敷地持分狭小度は、専有面積に比して敷地利用権の面積が狭小であるにつれ、評価乖離率が大きくなるとの統計的傾向を踏まえたものです。このような傾向は、専有面積に比して敷地利用権の面積が狭いと、路線価等による立地条件が評価に十分反映されていないことが要因になっていると考えられます。

　そこで、敷地持分狭小度は、当該一室の区分所有権等に係る敷地利用権の面積を当該一室の区分所有権等に係る専有部分の面積で除した値（小数点以下第4位を切上げ）とし、敷地持分狭小度×△1.195については、小数点以下第4位を切上げするとしています。

敷地利用権の面積（①）	専有部分の面積（②）	敷地持分狭小度（①÷②）（③）	③×△1.195
18	70	0.258	△0.309
25	60	0.417	△0.499
40	57	0.702	△0.839
60	52	1.154	△1.380

⑧ **評価方法**

(1) 改正前のマンションの評価方法

> **マンション（一室）の相続税評価額（自用の場合）**
>
> **＝区分所有建物の価額（①）＋敷地（敷地権）の価額（②）**

① 　区分所有建物の価額＝建物の固定資産税評価額[※1]×1.0
② 　敷地（敷地権）の価額＝敷地全体の価額[※2]×共有持分（敷地権割合）

※1 「建物の固定資産税評価額」は、1棟の建物全体の評価額を専有面積の割合によってあん分して各戸の評価額を算定
※2 「敷地全体の価額」は、路線価方式又は倍率方式により評価

(2) 改正後のマンションの評価方法

　分譲マンションにおける相続税評価額と市場価格（売買実例価額）との乖離の要因として、まず、家屋の相続税評価額は、再建築価格に基づく固定資産税評価額により評価していますが、市場価格（売買実例価額）は、再建築価格に加えて建物総階数及び分譲マンション一室の所在階も考慮されているほか、固定資産税評価額への築年数の反映が大きすぎる（経年による減価が実態より大きい）と、相続税評価額が市場価格（売買実例価額）に比べて低くなるケースがあると考えられます。

　また、土地（敷地利用権）の相続税評価額は、土地（敷地）の面積を敷地権の割合（共有持分の割合）に応じてあん分した面積に、1m²当たりの単価（路線価等）を乗じて評価していますが、当該面積は、一般的に高層マンションほどより細分化されて狭小となるため、当該面積が狭小なケースは、立地条件が良好な場所でも、その立地条件が敷地利用権の価額に反映されづらくなり、相続税評価額が市

場価格（売買実例価額）に比べて低くなることが考えられます。

そこで、相続税評価額が市場価格（売買実例価額）と乖離する要因と考えられた、①築年数、②総階数指数、③所在階及び④敷地持分狭小度の４つの指数を用いて、一定の算式により求めた評価乖離率を基に相続税評価額を補正する方法を採用することとされました。

> **従前の評価方法によって評価した価額×区分所有補正率**

① 区分所有補正率は、以下のようになります。

評価水準が0.6未満	評価乖離率×0.6
評価水準が0.6以上１以下	1
評価水準が１超	評価乖離率

② 評価水準は、 1÷評価乖離率で求めます。

③ 評価乖離率は、 A＋B＋C＋D＋3.220で求めます。

「A」＝当該一棟の区分所有建物の築年数×△0.033

「B」＝当該一棟の区分所有建物の総階数指数×0.239（小数点以下第４位を切捨て）

「C」＝当該一室の区分所有権等に係る専有部分の所在階×0.018

「D」＝当該一室の区分所有権等に係る敷地持分狭小度×△1.195（小数点以下第４位を切上げ）

（注１）「築年数」は、当該一棟の区分所有建物の建築の時から課税時期までの期間とし、当該期間に１年未満の端数があるときは、その端数は１年とする。
（注２）「総階数指数」は、当該一棟の区分所有建物の総階数を33で除した値（小数点以下第４位を切り捨て、１を超える場合は１とする。）とする。この場合において、総階数には地階を含まない。
（注３）当該一室の区分所有権等に係る専有部分が当該一棟の区分所有建物の複数階にまたがる場合には、階数が低い方の階を「当該一室の区分所有権等に係る専有部分の所在階」とする。
（注４）当該一室の区分所有権等に係る専有部分が地階である場合には、「当該一室の

区分所有権等に係る専有部分の所在階」は、零階とし、Ｃの値は零とする。
（注５）「当該一室の区分所有権等に係る敷地持分狭小度」は、当該一室の区分所有権
等に係る敷地利用権の面積を当該一室の区分所有権等に係る専有部分の面積で除
した値（小数点以下第４位を切り上げる。）とする。

❾ 設例で検証

　設例でどの程度マンションの相続税評価額が変動するのか検証して
みます。

事例1

1．大阪市北区　44階建てマンション39階部分（築16年）、時価12,000万円
2．専有床面積　94.49m²、敷地利用権の面積　12.51m²
3．現行の相続税評価額（土地（1,314万円）・建物（1,231万円））　2,545万円
4．改正後の相続税評価額
（1）評価乖離率
　　①　築年数　　16年×△0.033＝△0.528
　　②　総階数　　44階÷33階＝1.333＞1　　∴　1×0.239＝0.239
　　③　所在階　　39階×0.018＝0.702
　　④　敷地持分狭小度　12.51m²÷94.49m²＝0.1323…（小数点以下第４
　　　　　　　　　　　　位を切上げ）∴0.133
　　　　　　　　　　　　0.133×△1.195＝△0.1589…（小数点以下第４位
　　　　　　　　　　　　を切上げ）
　　　　　　　　　　　　∴　△0.159
　　⑤　評価乖離率　　①＋②＋③＋④＋3.220＝3.474
（2）評価水準
　　　1÷3.474≒0.2878　　⇒　　評価水準0.6未満に該当
（3）区分所有補正率
　　　3.474×0.6＝2.0844
（4）改正後のマンションの評価額
　　　2,545万円×2.0844＝53,047,980円

　改正後は、現状の評価割合約21％（2,545万円÷12,000万円）が、約44％になり評価差額が縮小されることになります。

　しかし、マンションを賃貸の用に供していた場合には、建物は「貸家」として、敷地利用権は「貸家建付地」として評価されます。

　この場合、貸家建付地に該当する一室の区分所有権等に係る敷地利用権の評価をするに当たっては、当該みなされた「自用地としての価額」を基に、評価通達26（（貸家建付地の評価））を適用して評価することとなります。また、貸家に該当する一室の区分所有権等に係る区分所有権の評価をするに当たっては、当該みなされた「自用家屋としての価額」を基に、評価通達93（（貸家の評価））を適用して評価することとなります。

　なお、小規模宅地等の特例の適用についても、評価額は補正後の「自用地としての価額」を基とすることとなり、一定の要件を満たせば、貸付事業用宅地等として小規模宅地等の特例の適用を受けることができます。

　上記のマンションが賃貸されている場合には、以下のような評価額になります。
1．現行のマンションの評価額（借地権割合70％の地域）
　①　土地　1,314万円×（1－0.7×0.3）≒1,038万円
　②　建物　1,231万円×（1－0.3）≒862万円
　③　①＋②＝1,900万円
2．改正後の評価額
　1,900万円×2.0844≒3,960万円
3．小規模宅地等の特例適用後
　①　評価減額（1,038万円×2.0844）×（1－0.5）≒1,082万円
　②　3,960万円－1,082万円＝2,878万円
　以上の結果、時価12,000万円に対して、小規模宅地等の特例の適用を受けた後の相続税評価額は、時価の約24％程度になります。

● 改正前後の区分所有マンションの評価額　　（単位：万円）

	改正前		改正後	
	未利用	賃貸	未利用	賃貸
建　物	1,231	862	2,566	1,796
敷地利用権	1,314	1,038	2,739	2,164
小規模宅地等	−	△519	−	△1,082
評価額	2,545	1,381	5,305	2,878

　なお、相続開始前３年以内に新たに貸付事業の用に供されたものについては、貸付事業用宅地等に該当しないこととされます（措法69の４③四）。

　ただし、相続開始の日まで３年を超えて引き続き準事業以外の貸付事業を行っていた被相続人等の貸付事業に供されたものは、この除外規定の対象外とされ、特例を適用することができます（措法69の４③四、措令40の２⑲）。

（注１）　準事業とは事業と称するに至らない不動産の貸付けその他これに類する行為で相当の対価を得て継続的に行うもの（措令40の２①）とされていることから、準事業以外の貸付事業とは事業と称することのできる規模での不動産の貸付け（（注２）において「特定貸付事業」といいます。）となります。

（注２）　上記の「相続開始前３年以内」の適用に関し、特定貸付事業を行っていた被相続人が、その特定貸付事業の用に供する宅地等を前の相続により取得してから３年以内に死亡したときは、先代が特定貸付事業を行ってきた期間は、被相続人が特定貸付事業の用に供していた期間と通算されます（措令40の２㉑）。

事例2

１．東京都港区　35階建てマンション６階部分（築２年）、時価9,350万円

２．専有床面積　43.03m²、敷地利用権の面積　5.17m²

３．現行の相続税評価額（土地（915万円）・建物（1,115万円））2,030万円

４．改正後の相続税評価額

（１）評価乖離率

①　築年数　2年×△0.033＝△0.066

②　総階数　35階÷33階＝1.060＞1　∴1×0.239＝0.239

③　所在階　6階×0.018＝0.108

④　敷地持分狭小度　5.17m² ÷ 43.03m² = 0.12014…（小数点以下第4位を切上げ）∴0.121

0.121 × △1.195 = △0.1445…（小数点以下第4位を切上げ）

∴　△0.145

⑤　評価乖離率　①＋②＋③＋④＋3.220 = 3.356

（2）評価水準

1 ÷ 3.356 ≒ 0.2979　⇒　評価水準0.6未満に該当

（3）区分所有補正率

3.356 × 0.6 = 2.0136

（4）改正後のマンションの評価額

2,030万円 × 2.0136 = 40,876,080円

改正後は、現状の評価割合約22％（2,030万円÷9,350万円）が、約44％になり評価差額が縮小されることになります。

事例3

1．名古屋市中区　19階建てマンション16階部分（築7年）、時価5,520万円

2．専有床面積　72.44m²、敷地利用権の面積　15.97m²

3．現行の相続税評価額（土地（815万円）・建物（943万円））1,758万円

4．改正後の相続税評価額

（1）評価乖離率

①　築年数　7年 × △0.033 = △0.231

②　総階数　19階 ÷ 33階 = 0.5757 < 1　∴0.575（小数点以下第4位を切捨て）

0.575 × 0.239 = 0.137425　∴0.137（小数点以下第4位を切捨て）

③　所在階　16階 × 0.018 = 0.288

④　敷地持分狭小度　15.97m² ÷ 72.44m² = 0.2204…（小数点以下第4位を切上げ）∴0.221

0.221 × △1.195 = △0.26409…（小数点以下第4位を切上げ）

$$\therefore \quad \triangle 0.265$$

⑤　評価乖離率　①＋②＋③＋④＋3.220＝3.149

（2）評価水準

　　1÷3.149≒0.3175　　⇒　評価水準0.6未満に該当

（3）区分所有補正率

　　3.149×0.6＝1.8894

（4）改正後のマンションの評価額

　　1,758万円×1.8894＝33,215,652円

　改正後は、現状の評価割合約32％（1,758万円÷5,520万円）が、約60％になり評価差額が縮小されることになります。

　上記の事例のような三大都市圏の都心のタワーマンションの評価差額は大きく縮小されることになりますが、この通達によって評価した場合には、原則として課税上のトラブルは生じないことになります。

　改正後においても、マンションを賃貸の用に供していれば「貸家」と「貸家建付地」として評価され、貸付事業用宅地等として小規模宅地等の特例を受けることができれば、改正によって評価差額が縮小されることになっても相当額の評価差額が期待できます。

事例 4

　大阪市内中心部にあっても築年数が相当経過したマンションで、学区や住環境が良い場合には、マンションの取引事例（売買価額）は高いまま維持されていることもあります。そのため、時価と相続税評価額とはかなりの乖離がありますが、築年数が相当経過したマンションについては、評価方法の見直し後においても、評価額が大きく値上がりすることはありません。

1．大阪市北区　14階建てマンションの5階部分（築36年）、時価2,060万円
2．専有床面積　62.93m²、敷地利用権の面積　23.38m²
3．現行の相続税評価額　（土地456万円・建物269万円）725万円

４．改正後の相続税評価額

（１）評価乖離率

　①　築年数　36年×△0.033＝△1.188

　②　総階数　14階÷33階＝0.4242…＜1　∴　0.424（小数点以下第4位を切捨て）

　　　　　　　0.424×0.239＝0.10133…　∴　0.101（小数点以下第4位を切捨て）

　③　所在階　5階×0.018＝0.09

　④　敷地持分狭小度　23.38m²÷62.93m²＝0.3715…（小数点以下第4位を切上げ）

　　　　　　　　　　∴　0.372

　　　　　　　　　　0.372×△1.195＝△0.4445…（小数点以下第4位を切上げ）

　　　　　　　　　　∴　△0.445

　⑤　評価乖離率　①＋②＋③＋④＋3.220＝1.778

（２）評価水準

　　1÷1.778≒0.5624　⇒　評価水準0.6未満に該当

（３）区分所有補正率

　　1.778×0.6＝1.0668

（４）改正後のマンションの評価額

　　725万円×1.0668＝7,734,300円

　現行のマンションの評価額より48万円ほど評価額は上がることになりますが、従前の評価額と比較して大きく評価額が値上がりすることはないことから、改正の影響は軽微と考えられます。改正後の評価額によっても、時価に対する相続税評価額の割合は約37.5％で、相当額の評価差額が期待されます。

　奈良市郊外にある築年数が相当経過したマンションで、ゆったりとした敷地に低層のマンションが立ち並ぶ地域です。そのような場合には、マンションの評価方法の見直し後においても、評価額は変わらない、もしくは、改正通達適用前よりも評価額が小さくなる事例もあると思われます。

１．奈良市あやめ池　　５階建てマンションの３階部分（築42年）、時価1,460万円
２．専有床面積　74.67m²、敷地利用権の面積　62.69m²
３．現行の相続税評価額　（土地397万円・建物437万円）834万円
４．改正後の相続税評価額
（１）評価乖離率
　①　築年数　42年×△0.033＝△1.386
　②　総階数　５階÷33階＝0.1515…＜１　　∴　0.151（小数点以下第４位を切捨て）

　　　　　　　0.151×0.239＝0.036089　∴　0.036（小数点以下第４位を切捨て）
　③　所在階　３階×0.018＝0.054
　④　敷地持分狭小度　62.69m²÷74.67m²＝0.8395…（小数点以下第４位を切上げ）

　　　　　　　　　　　　　∴　0.840

　　　　　　　　　　　0.840×△1.195＝△1.0038（小数点以下第４位を切上げ）

　　　　　　　　　　　　　∴　△1.004
　⑤　評価乖離率　①＋②＋③＋④＋3.220＝0.92
（２）評価水準
　　　　１÷0.92≒1.086　⇒　評価水準が１を超える場合に該当
（３）区分所有補正率　0.92
（４）改正後のマンションの評価額
　　　834万円×0.92＝7,672,800円

　この事例のようなビンテージマンションで、広い敷地に比較的ゆったり建てられている低層マンションについては、敷地利用権の面積が大きく、

路線価等による立地条件が反映されています。反面、建物の築年数は相当経過していて相続税評価額への反映は不十分なところもあり、改正通達の適用により相続税評価額が下がることになります。

事例6

　京都府の日本海を臨む別荘地にあるリゾートマンションで、風光明媚な人気のリゾートマンションですが、売買実例も少なく売却する場合には、取得価額を大きく下げることでなんとか取引が成立している状況にあります。

１．京都府宮津市　7階建てマンションの2階部分（築35年）、時価420万円

２．専有床面積　63m^2、敷地利用権の面積　19m^2

３．現行の相続税評価額　（土地38万円・建物562万円）600万円

４．改正後の相続税評価額

（1）評価乖離率

　①　築年数　35年×△0.033＝△1.155

　②　総階数　7階÷33階＝0.2121…＜1　∴0.212（小数点以下第4位を切捨て）

　　　　　　　0.212×0.239＝0.05066…　∴0.050（小数点以下第4位を切捨て）

　③　所在階　2階×0.018＝0.036

　④　敷地持分狭小度　19m^2÷63m^2＝0.3015…（小数点以下第4位を切上げ）

　　　　　　　　　　∴　0.302

　　　　　　　　　　0.302×△1.195＝△0.3608…（小数点以下第4位を切上げ）

　　　　　　　　　　∴　△0.361

　⑤　評価乖離率　①＋②＋③＋④＋3.220＝1.790

（2）評価水準

　　　1÷1.790≒0.5586　⇒　評価水準0.6未満に該当

（3）区分所有補正率

　　　1.790×0.6＝1.074

（4）改正後のマンションの評価額

600万円×1.074＝6,444,000円

　現行のマンションの相続税評価額は、最近の取引事例による価額を上回っています。また、改正による評価方法によっても同様に時価を上回るような評価額となっています。

　このように通達の定める評価方法によって評価することが適当でないと認められる場合には、個別に課税時期における時価を鑑定評価その他合理的な方法により算定し、一室の区分所有権等に係る敷地利用権の価額とすることができることから、鑑定評価などによる評価額とすることを検討することになります。

Column コラム

区分所有補正率の限界値は2.6倍？

　区分所有補正率は、原則として評価水準に0.6を乗じて求めることから、その限界値はいくらになるのか、以下の前提条件で試算をしてみます。

設　例

（1）評価乖離率

　①　築年数　　1年×△0.033＝△0.033

　②　総階数　　54階÷33階＝1.636…＞1（1を超える場合は1）　∴　1.0

　　　　　　　　1.0×0.239＝0.239

　③　所在階　　54階×0.018＝0.972

　④　敷地持分狭小度　10m²÷300m²＝0.0333…（小数点以下第4位を切上げ）

　　　　　　　　　　　∴　0.034

　　　　　　　　　　　0.034×△1.195＝△0.0406…（小数点以下第4位を切上げ）

　　　　　　　　　　　∴　△0.041

　⑤　評価乖離率　①＋②＋③＋④＋3.220＝4.357

（2）評価水準　1÷4.357≒0.22951…⇒　評価水準0.6未満に該当

（3）区分所有補正率

　　　4.357×0.6＝2.6142

　この設例の場合、新築のタワーマンションで、国内で販売されている最も高層のマンションの最上階を所有し、敷地持分も理論的にはありえないほど少ない敷地面積と仮定して試算をしてみました。

　この設例の場合には、改正前の相続税評価額の2.6倍ほどになり、この値が区分所有補正率の限界値と予想されます。

　今回の新たな通達は、区分所有に係る財産の各部分（建物部分及び敷地利用権部分。ただし、構造上、居住の用に供することができるものに限る。）としていることから、マンションの一室の評価方法についての見直しに限定されています。そのため、居住の用に供されない事業用のテナントビルや、マンション一棟所有については、今回の見直しの対象となっていません。

　しかし、都心のテナントビルを小口化した商品について、財産評価基本通達の定める方法による画一的な評価を行うことが実質的な租税負担の公平に反するというべき事情がある場合には、総則6項を適用し、鑑定評価額等によって課税されることもあると予想されます（私見）。

　また、第三回の有識者会議で、「一棟全体について全戸を区分所有しているようなケースでは、一戸一戸を切り売りすることができる点で、一戸単位で取引される分譲マンションと同様の高い流通性が認められるので、見直しの対象とすべきではないか」といった発言が委員からされていることから、対象となる不動産について、今後拡大される可能性が考えられます。

　なお、令和6年1月1日以後の相続、遺贈又は贈与により取得した財産について適用することとされているため、令和5年中に贈与又は個人間で相続税評価額によって譲渡していた場合は、改正前の評価額によることができます（総則6項によって否認されるリスクもあります。）。

　一方、区分所有マンションについて、新しい評価方法によるマンションの相続税評価額は、改正後は通常の取引価額と比較して、改正前の評価差額よりも相当額圧縮されることになるものの、評価差額の

生じない現預金などと比較すると、依然として大きな評価差額が生じています。

　また、区分所有マンションを賃貸の用に供することで、建物は「貸家」、その敷地権は「貸家建付地」として評価されることになります。さらに、「貸付事業用宅地等」として小規模宅地等の特例の適用を受けることで、区分所有マンションの取得による相続税の軽減効果が期待されます。

　区分所有マンションについて新しい評価通達が定められることで、区分所有マンションの評価額についての税務上のリスクは軽減されることになりますが、行き過ぎた対策に対して総則6項の規定が発動される可能性は残されています。

　具体的には、超高齢者が多額の銀行借入金によって大きな評価差額が生じる収益不動産を取得した場合には、財産評価基本通達による評価額は否認されるリスクが高いと考えられます。しかし、銀行からの借入金によって購入されたものではなく、自己資金によって取得された場合には、その相続財産としての価額を総則6項により客観的な交換価格によって評価することを正当化する理由はなく、その評価は、通常の場合と同様の方法によって行われるべきものと考えられる（東京地裁：平成5年2月16日判決）とする判決がありますが、租税回避と認定されないよう、細心の注意を払いながら上手に区分所有マンションを利用することが肝要です。

【資料：評価乖離率算定のための早見表】

築年数 (△0.033)		総階数指数 (0.239)		所在階 (0.018)		敷地持分狭小度 (△1.195)	
2 年	△0.066	4 階	0.028	4 階	0.072	0.100	△0.120
3 年	△0.099	5 階	0.036	5 階	0.090	0.125	△0.150
4 年	△0.132	6 階	0.043	6 階	0.108	0.150	△0.180
5 年	△0.165	7 階	0.050	7 階	0.126	0.175	△0.210
6 年	△0.198	8 階	0.057	8 階	0.144	0.200	△0.239
7 年	△0.231	9 階	0.065	9 階	0.162	0.225	△0.269
8 年	△0.264	10階	0.072	10階	0.180	0.250	△0.299
9 年	△0.297	11階	0.079	11階	0.198	0.275	△0.329
10年	△0.330	12階	0.086	12階	0.216	0.300	△0.359
11年	△0.363	13階	0.093	13階	0.234	0.325	△0.389
12年	△0.396	14階	0.101	14階	0.252	0.350	△0.419
13年	△0.429	15階	0.108	15階	0.270	0.375	△0.449
14年	△0.462	16階	0.115	16階	0.288	0.400	△0.478
15年	△0.495	17階	0.123	17階	0.306	0.450	△0.538
16年	△0.528	18階	0.130	18階	0.324	0.500	△0.598
17年	△0.561	19階	0.137	19階	0.342	0.550	△0.658
18年	△0.594	20階	0.144	20階	0.360	0.600	△0.717
19年	△0.627	21階	0.152	21階	0.378	0.650	△0.777
20年	△0.660	22階	0.159	22階	0.396	0.700	△0.837
25年	△0.825	23階	0.166	23階	0.414	0.750	△0.897
30年	△0.990	24階	0.173	24階	0.432	0.800	△0.956
35年	△1.155	25階	0.180	25階	0.450	0.850	△1.016
40年	△1.320	30階	0.217	30階	0.540	0.900	△1.076
45年	△1.485	33階	0.239	33階	0.594	0.950	△1.136
50年	△1.650	35階	0.239	35階	0.630	1.000	△1.195

※ 評価乖離率は、上記の4つの評価項目の数値の和に3.220を加えた率になります。

また、評価水準は、1÷評価乖離率で求めることができ、評価水準が0.6以上1以

下の場合には、現行のマンションの評価方法によって求めた価額となります。

　評価水準が0.6以上になるには、評価乖離率が約1.66以下である必要があります。例えば、①築年数が30年以上、②敷地持分狭小度が0.80以上、かつ、③総階数15階以下であれば評価水準が0.6以上になり、現行のマンションの評価額のままとなります。

　【評価乖離率】　築30年（△0.990）＋総階数15階（0.108）＋所在階15階（0.270）＋敷地持分狭小度0.8（△0.956）＋3.220＝1.652

　【評価水準】　1÷1.652≒0.605

〔著者紹介〕

山本　和義（やまもと　かずよし）

税理士・行政書士・CFP

昭和27年　大阪に生まれる
昭和50年　関西大学卒業後会計事務所勤務を経て
昭和57年　山本和義税理士事務所開業
平成16年　山本和義税理士事務所を税理士法人FP総合研究所に改組　代表社員に就任
平成29年9月　税理士法人FP総合研究所を次世代へ事業承継
平成29年10月　税理士法人ファミリィ設立　代表社員に就任

著　　書　『令和5年10月改訂　タイムリミットで考える相続税対策実践ハンドブック〔生前対策編〕』（清文社）

　　　　　『新版　タイムリミットで考える相続税対策実践ハンドブック〔遺産分割・申告実務編〕』（清文社）

　　　　　『立場で異なる自社株評価と相続対策』（清文社）

　　　　　『上場株式等の相続と有利な物納選択』（共著・清文社）

　　　　　『Q&A おひとりさま〔高齢単身者〕の相続・老後資金対策』（共著・清文社）

　　　　　『失敗のない特例事業承継税制の活用実務ガイド』（実務出版）

　　　　　『税理士が知っておきたい　相続発生後でもできる相続税対策』（新日本法規出版）

　　　　　『配偶者居住権と相続対策の実務』（新日本法規出版）

　　　　　『遺言書作成・生前贈与・不動産管理法人・生命保険の活用による税務実務』（大蔵財務協会）

　　　　　『遺産分割と相続発生後の対策』（共著・大蔵財務協会）

　　　　　『相続財産がないことの確認』（共著・TKC出版）ほか

備　　考　資産運用・土地の有効利用並びに相続対策、節税対策等を中心に、各種の講演会・研修会を企画運営、並びに講師として活動。また、資産税に関する研修会、個人所得・経営に関する研修会を毎月、定期的に開催しています。

令和6年1月相続・贈与分から適用

マンションの相続税評価はこう変わる！

2024年1月15日　発行

著　者　　山本　和義 ©

発行者　　小泉　定裕

発行所　　株式会社 清文社

東京都文京区小石川1丁目3－25（小石川大国ビル）
〒112-0002　電話 03(4332)1375　FAX 03(4332)1376
大阪市北区天神橋2丁目北2－6（大和南森町ビル）
〒530-0041　電話 06(6135)4050　FAX 06(6135)4059
URL https://www.skattsei.co.jp/

印刷：亜細亜印刷㈱

ISBN978-4-433-72543-3